HISTORIAS DE LA
BIBLIA

Jesús bendice a los niños

Marcos 10.13-16; Mateo 19.13-15; Lucas 18.15-17

Llevaron unos niños a Jesús,
para que los tocara; pero los discípulos
comenzaron a reprender a quienes los llevaban.
Jesús, viendo esto, se enojó y les dijo:
— Dejen que los niños vengan a mí,
y no se lo impidan, porque el reino de Dios
es de quienes son como ellos.
Les aseguro que el que no acepta el reino de Dios
como un niño, no entrará en él.
Y tomó en sus brazos a los niños,
y los bendijo poniendo las manos sobre ellos.

Penguin
Random House
Grupo Editorial

Título original: *The Children's Bible Story Book*
Primera edición: julio del 2024

Título de la edición original: The Children's Bible Story Book
© Scandinavia Publishing House, 1991

Edición en español
© 2024, Penguin Random House Grupo Editorial USA, LLC
8950 SW 74th Court, Suite 2010
Miami, FL 33156

Ilustraciones© José Pérez Montero, 1988

Texto bíblico tomado de la versión Dios Habla Hoy
© Sociedades Bíblicas Unidas, 1996

Impreso en China / *Printed in China*

ISBN: 979-8-89098-050-2

ORIGEN Kids es una marca registrada de Penguin Random House Grupo Editorial

Obsequiado a

_____

por

_____

el día

_____

Mi Familia

Nombre
_____

Padre
_____

Madre
_____

Abuelos paternos
_____

Abuelos maternos
_____

Hermanos y hermanas
_____

Hermanos y hermanas
_____

Hermanos y hermanas

HISTORIAS DE LA
BIBLIA

Ilustraciones de
José Pérez Montero

CONTENIDO

El Nuevo Testamento

El Antiguo Testamento

Dios hace todo lo que existe

Génesis 1.1–4,5c,6–7a,8b,9,10c,11,12c, 13–15,18b,19–21,23-25b

En el comienzo de todo, Dios creó el cielo y la tierra. La tierra no tenía entonces ninguna forma; todo era un mar profundo cubierto de oscuridad, y el espíritu de Dios se movía sobre el agua.

Entonces Dios dijo: "¡Que haya luz!"

Y hubo luz. Al ver Dios que la luz era buena, la separó de la oscuridad. De este modo se completó el primer día.

Después Dios dijo: "Que haya una bóveda que separe las aguas, para que estas queden separadas."

Y así fue. Dios hizo una bóveda que separó las aguas. De este modo se completó el segundo día.

Entonces Dios dijo: "Que el agua que está debajo del cielo se junte en un solo lugar, para que aparezca lo seco."

Y así fue.

Al ver Dios que todo estaba bien, dijo: "Que produzca la tierra toda clase de plantas: hierbas que den semilla y árboles que den fruto."

Y así fue. Y Dios vio que todo estaba bien. De este modo se completó el tercer día.

Entonces Dios dijo: "Que haya luces en la bóveda celeste, que alumbren la tierra y separen el día de la noche, y que sirvan también para señalar los días, los años y las fechas especiales."

Y así fue. Y vio que todo estaba bien. De este modo se completó el cuarto día.

Luego Dios dijo: "Que produzca el agua toda clase de animales, y que haya también aves que vuelen sobre la tierra."

Y así fue. Dios creó los grandes monstruos del mar, y todos los animales que el agua produce y que viven en ella, y todas las aves.

De este modo se completó el quinto día.

Entonces Dios dijo: "Que produzca la tierra toda clase de animales: domésticos y salvajes, y los que se arrastran por el suelo."

Y así fue. Y vio que todo estaba bien.

Dios crea al ser humano

Génesis 1.26,31; 2.2,7,18,21–23

Entonces [Dios] dijo: "Ahora hagamos al hombre a nuestra imagen. Él tendrá poder sobre los peces, las aves, los animales domésticos y los salvajes, y sobre los que se arrastran por el suelo." Entonces Dios el Señor formó al hombre de la tierra misma, y sopló en su nariz y le dio vida. Así el hombre se convirtió en un ser viviente.

Luego, Dios el Señor dijo: "No es bueno que el hombre esté solo. Le voy a hacer alguien que sea una ayuda adecuada para él." Entonces Dios el Señor hizo caer al hombre en un sueño profundo y, mientras dormía, le sacó una de las costillas y le cerró otra vez la carne. De esa costilla Dios el Señor hizo una mujer, y se la presentó al hombre, el cual, al verla, dijo:

"¡Esta sí que es de mi propia carne y de mis propios huesos! Se va a llamar 'mujer', porque Dios la sacó del hombre."

Y Dios vio que todo lo que había hecho estaba muy bien. De este modo se completó el sexto día.

El séptimo día terminó Dios lo que había hecho, y descansó.

El jardín de Edén

Génesis 2.8–9,15–17

Después Dios el Señor plantó un jardín en la región de Edén, en el oriente, y puso allí al hombre que había formado. Hizo crecer también toda clase de árboles hermosos que daban fruto bueno para comer. En medio del jardín puso también el árbol de la vida y el árbol del conocimiento del bien y del mal.

Cuando Dios el Señor puso al hombre en el jardín de Edén para que lo cultivara y lo cuidara, le dio esta orden: "Puedes comer del fruto de todos los árboles del jardín, menos del árbol del bien y del mal. No comas del fruto de ese árbol, porque si lo comes, ciertamente morirás."

El primer pecado

Génesis 3.1–4,6a,6b–7,8c,9,11b–13

La serpiente era más astuta que todos los animales salvajes que Dios el Señor había creado, y le preguntó a la mujer:

—¿Así que Dios les ha dicho que no coman del fruto de ningún árbol del jardín?

Y la mujer le contestó:

—Podemos comer del fruto de cualquier árbol, menos del árbol que está en medio del jardín. Dios nos ha dicho que no debemos comer ni tocar el fruto de ese árbol, porque si lo hacemos, moriremos.

Pero la serpiente le dijo a la mujer:

—No es cierto. No morirán.

La mujer vio que el fruto del árbol era hermoso, y le dieron ganas de comerlo. Así que cortó uno de los frutos y se lo comió. Luego le dio a su esposo, y él también comió. En ese momento se les abrieron los ojos, y los dos se dieron cuenta de que estaban desnudos. Entonces cosieron hojas de higuera y se cubrieron con ellas y corrieron a esconderse de [Dios] entre los árboles del jardín. Pero Dios el Señor llamó al hombre y le preguntó:

—¿Dónde estás?

—¿Acaso has comido del fruto del árbol del que te dije que no comieras?

El hombre contestó:

—La mujer que me diste por compañera me dio de ese fruto, y yo lo comí.

Entonces Dios el Señor le preguntó a la mujer:

—¿Por qué lo hiciste?

Y ella respondió:

—La serpiente me engañó, y por eso comí del fruto.

El castigo

Génesis 3.14a,15,16a,17a,19a

Entonces Dios el Señor dijo a la serpiente:

—Por esto que has hecho, maldita serás entre todos los demás animales. Haré que tú y la mujer sean enemigas, lo mismo que tu

descendencia y su descendencia. Su descendencia te aplastará la cabeza, y tú le morderás el talón.

A la mujer le dijo:

—Aumentaré tus dolores cuando tengas hijos, y con dolor los darás a luz.

Al hombre le dijo:

—Como le hiciste caso a tu mujer y comiste del fruto del árbol del que te dije que no comieras, ahora la tierra va a estar bajo maldición por tu culpa. Te ganarás el pan con el sudor de tu frente, hasta que vuelvas a la misma tierra de la cual fuiste formado.

Caín y Abel

Génesis 4.1b–2

[Tiempo después, Eva] dio a luz a su hijo Caín, y dijo: "Ya tengo un hijo varón. El Señor me lo ha dado." Después dio a luz a Abel, hermano de Caín. Abel se dedicó a criar ovejas, y Caín se dedicó a cultivar la tierra.

El primer asesinato

Génesis 4.3–11a,12c,16

Pasó el tiempo, y un día Caín llevó al Señor una ofrenda del producto de su cosecha. También Abel llevó al Señor las primeras y mejores crías de sus ovejas. El Señor miró con agrado a Abel y a su ofrenda, pero no miró así a Caín ni a su ofrenda, por lo que Caín se enojó muchísimo y puso muy mala cara. Entonces el Señor le dijo: "¿Por qué te enojas y pones tan mala cara? Si hicieras lo bueno, podrías levantar la cara; pero como no lo haces, el pecado está esperando el momento de dominarte. Sin embargo, tú puedes dominarlo a él."

Un día, Caín invitó a su hermano Abel a dar un paseo, y cuando los dos estaban ya en el campo, Caín atacó a su hermano Abel y lo mató. Entonces el Señor le preguntó a Caín:

—¿Dónde está tu hermano Abel?

Y Caín contestó:

—No lo sé. ¿Acaso es mi obligación cuidar de él?

El Señor le dijo:

—¿Por qué has hecho esto? La sangre de tu hermano, que has derramado en la tierra, me pide a gritos que yo haga justicia. Por eso, quedarás maldito y expulsado de la tierra. Andarás vagando por el mundo, sin poder descansar jamás.

Caín se fue del lugar donde había estado hablando con el Señor, y se quedó a vivir en la región de Nod, que está al oriente de Edén.

La maldad de la gente

Génesis 6.5–7

[Pasaron muchos años y la gente se multiplicó en la tierra.]

El Señor vio que era demasiada la maldad del hombre en la tierra y que este siempre estaba pensando en hacer lo malo, y le pesó haber

9

hecho al hombre. Con mucho dolor dijo: "Voy a borrar de la tierra al hombre que he creado, y también a todos los animales domésticos, y a los que se arrastran, y a las aves. ¡Me pesa haberlos hecho!"

El arca de Noé

Génesis 6.9b,13a,14a,16–22

Noé era un hombre muy bueno, que siempre obedecía a Dios. Entre los hombres de su tiempo, solo él vivía de acuerdo con la voluntad de Dios.

Dios le dijo a Noé: "Construye un arca de madera resinosa. Hazla de tres pisos, con una ventana como a medio metro del techo, y con una puerta en uno de los lados. Yo voy a mandar un diluvio que inundará la tierra y destruirá todo lo que tiene vida en todas partes del mundo. Todo lo que hay en la tierra morirá. Pero contigo estableceré mi alianza, y en el arca entrarán tus hijos, tu esposa, tus nueras y tú. También llevarás al arca un macho y una hembra de todos los animales que hay en el mundo, para que queden con vida igual que tú. Contigo entrarán en el arca dos animales de cada clase: tanto de las aves y animales domésticos, como de los que se arrastran por el suelo, para que puedan seguir viviendo. Junta además toda clase de alimentos y guárdalos, para que tú y los animales tengan qué comer."

Y Noé hizo todo tal como Dios se lo había ordenado.

Noé entra en el arca

Génesis 7.1a,1c,10,13,14a,15–16

Después el Señor le dijo a Noé: "Entra en el arca junto con tu familia."

En aquel mismo día entró Noé en el arca con sus hijos Sem, Cam y Jafet, y con su esposa y sus tres nueras. Con ellos entraron toda clase de animales. Todos los animales entraron con Noé en el arca, de dos en dos. Entraron un macho y una hembra de cada clase, tal como Dios se lo había ordenado a Noé, y después el Señor cerró la puerta del arca.

A los siete días, el diluvio comenzó a inundar la tierra.

El diluvio

Génesis 7.17–23a,24

El diluvio duró cuarenta días. Al subir el agua, el arca se levantó del suelo y comenzó a flotar. El agua seguía subiendo más y más, pero el arca seguía flotando. Tanto subió el agua, que llegó a cubrir las montañas más altas de la tierra; y después de haber cubierto las montañas, subió todavía como siete metros más. Así murió toda la gente

11

que vivía en la tierra, lo mismo que las aves, los animales domésticos y salvajes, y los que se arrastran por el suelo. Todo lo que había en tierra firme, y que tenía vida y podía respirar, murió. Solamente Noé y los que estaban en el arca quedaron vivos, pues la tierra quedó inundada durante ciento cincuenta días.

El fin del diluvio

Génesis 8.1,6–12,13c–16a,18–19; 9.8,11–13,16

Entonces Dios se acordó de Noé y de todos los animales que estaban con él en el arca. Hizo que el viento soplara sobre la tierra, y el agua comenzó a bajar.

Después de cuarenta días, Noé abrió la ventana del arca que había hecho y soltó un cuervo; pero el cuervo volaba de un lado para otro, esperando que la tierra se secara. Después del cuervo, Noé soltó una paloma para ver si la tierra ya estaba seca; pero la paloma regresó al arca porque no encontró ningún lugar donde descansar, pues la tierra todavía estaba cubierta de agua. Así que Noé sacó la mano, tomó la paloma y la hizo entrar en el arca.

Noé esperó otros siete días, y volvió a soltar la paloma. Ya empezaba a anochecer cuando la paloma regresó, trayendo una ramita de olivo en el pico. Así Noé se dio cuenta de que la tierra se iba secando. Esperó siete días más, y volvió a enviar la paloma; pero la paloma ya no regresó.

Noé quitó el techo del arca y vio que la tierra estaba seca. Para el día veintisiete del mes segundo, la tierra estaba ya bien seca. Entonces Dios le dijo a Noé: "Sal del arca."

Entonces Noé y su esposa, y sus hijos y nueras, salieron del arca. También salieron todos los animales domésticos y salvajes, los que se arrastran y los que vuelan.

Dios también les dijo a Noé y a sus hijos: "Mi alianza con ustedes no cambiará: no volveré a destruir a los hombres y animales con un diluvio. Ya no volverá a haber otro diluvio que destruya la tierra. Esta es la señal de la alianza que para siempre hago con ustedes y con todos los animales: he puesto mi arco iris en las nubes, y servirá como señal de la alianza que hago con la tierra. Cuando el arco iris esté entre las nubes, yo lo veré y me acordaré de la alianza que he hecho para siempre con todo hombre y todo animal que hay en el mundo."

La torre de Babel

Génesis 11.1–9

En aquel tiempo todo el mundo hablaba el mismo idioma. Cuando salieron de la región oriental, encontraron una llanura en la región de Sinar y allí se quedaron a vivir. Un día se dijeron unos a otros: "Vamos a hacer ladrillos y a cocerlos en el fuego." Así, usaron ladrillos en lugar de piedras y asfalto natural en lugar de mezcla. Después dijeron: "Vengan, vamos a construir una ciudad y una torre que llegue hasta el cielo. De este modo nos haremos famosos y no tendremos que dispersarnos por toda la tierra."

Pero el Señor bajó a ver la ciudad y la torre que los hombres estaban construyendo, y pensó: "Ellos son un solo pueblo y hablan un solo idioma; por eso han comenzado este trabajo, y ahora por nada del mundo van a dejar de hacerlo. Es mejor que bajemos a confundir su idioma, para que no se entiendan entre ellos."

Así fue como el Señor los dispersó por toda la tierra, y ellos dejaron de construir la ciudad. En ese lugar el Señor confundió el idioma de todos los habitantes de la tierra, y de allí los dispersó por todo el mundo. Por eso la ciudad se llamó Babel.

Dios llama a Abram

Génesis 12.1–4,5a,5c–6b,7–8a,8c,9

Un día el Señor le dijo a Abram: "Deja tu tierra, tus parientes y la casa de tu padre, para ir a la tierra que yo te voy a mostrar. Con tus descendientes voy a formar una gran nación; voy a bendecirte y hacerte famoso, y serás una bendición para otros. Bendeciré a los que te bendigan y maldeciré a los que te maldigan; por medio de ti bendeciré a todas las familias del mundo."

Abram salió de Harán tal como el Señor se lo había ordenado. Tenía setenta y cinco años cuando salió de allá para ir a la tierra de Canaán.

Con él se llevó a su esposa Sarai y a su sobrino Lot. Cuando llegaron a Canaán, Abram atravesó toda esa región hasta llegar a Siquem, donde está la encina sagrada de Moré. Allí el Señor se le apareció y le dijo: "Esta tierra se la voy a dar a tu descendencia."

Entonces Abram construyó un altar en honor del Señor, porque allí se le había aparecido. Luego se fue a la región montañosa que está al este de la ciudad de Betel, y allí puso su campamento. En ese lugar Abram construyó otro altar e invocó el nombre del Señor. Después siguió su camino, poco a poco, hacia la región del Négueb.

Dios hace una promesa a Abram

Génesis 15.1–7a; 17.4b–5

Después de esto, el Señor le habló a Abram en una visión y le dijo:

—No tengas miedo, Abram, porque yo soy tu protector. Tu recompensa va a ser muy grande.

Pero Abram le contestó:

—Señor y Dios, ¿de qué me sirve que me des recompensa, si tú bien sabes que no tengo hijos? Como no me has dado ningún hijo, el heredero de todo lo que tengo va a ser Eliézer de Damasco, uno de mis criados.

El Señor le contestó:

—Tu heredero va a ser tu propio hijo, y no un extraño.

Entonces el Señor llevó a Abram afuera, y le dijo:

—Mira bien el cielo, y cuenta las estrellas, si es que puedes contarlas. Pues bien, así será el número de tus descendientes.

Abram creyó al Señor, y por eso el Señor lo aceptó como justo y le dijo:

—Tú serás el padre de muchas naciones, y ya no vas a llamarte Abram. Desde ahora te llamarás Abraham, porque te voy a hacer padre de muchas naciones.

Abraham intercede por Sodoma

Génesis 18.20b–21,23–26

[El Señor se le apareció a Abraham y le dijo:]

—La gente de Sodoma y Gomorra tiene tan mala fama, y su pecado es tan grave, que ahora voy allá, para ver si en verdad su maldad es tan grande como se me ha dicho. Así lo sabré.

[Abraham] se acercó un poco más a [Dios], y le preguntó:

—¿Vas a destruir a los inocentes junto con los culpables? Tal vez haya cincuenta personas inocentes en la ciudad. A pesar de eso, ¿destruirás la ciudad y no la perdonarás por esos cincuenta? ¡No es posible que hagas eso de matar al inocente junto con el culpable, como si los dos hubieran cometido los mismos pecados! ¡No hagas eso! Tú, que eres el Juez supremo de todo el mundo, ¿no harás justicia?

Entonces el Señor le contestó:

—Si encuentro cincuenta inocentes en la ciudad de Sodoma, por ellos perdonaré a todos los que viven allí.

[Abraham siguió insistiendo y Dios estuvo de acuerdo en que con solo diez personas justas perdonaría a Sodoma.]

La destrucción de Sodoma y Gomorra

Génesis 19.12b–16,24–26

[Lot, el sobrino de Abraham, vivía en Sodoma. Dos ángeles lo visitaron y le dijeron:]

—¿Tienes más familiares aquí? Toma a tus hijos, hijas y yernos, y todo lo que tengas en esta ciudad; sácalos y llévatelos lejos de aquí, porque vamos a destruir este lugar. Ya son muchas las quejas que el Señor ha tenido contra la gente de esta ciudad, y por eso nos ha enviado a destruirla.

Entonces Lot fue a ver a sus yernos, o, sea, los prometidos de sus hijas, y les dijo:

—¡Levántense y váyanse de aquí, porque el Señor va a destruir esta ciudad!

Pero sus yernos no tomaron en serio lo que Lot les decía. Como ya estaba amaneciendo, los ángeles le dijeron a Lot:

—¡De prisa! Levántate y llévate de aquí a tu esposa y a tus dos hijas, si no quieres morir cuando castiguemos a la ciudad.

Pero como Lot se tardaba, los ángeles lo tomaron de la mano, porque el Señor tuvo compasión de él. También tomaron a su esposa y a sus hijas, y los sacaron de la ciudad para ponerlos a salvo.

El Señor hizo llover fuego y azufre sobre Sodoma y Gomorra; las destruyó junto con todos los que vivían en ellas, y acabó con todo lo que crecía en aquel valle. Pero la mujer de Lot, que venía siguiéndole, miró hacia atrás y allí mismo quedó convertida en una estatua de sal.

El nacimiento de Isaac

Génesis 21.1–3,6,8

De acuerdo con su promesa, el Señor prestó atención a Sara y cumplió lo que le había dicho, así que ella quedó embarazada y le dio un hijo a Abraham cuando él ya era muy anciano. El niño nació en el tiempo que Dios le había dicho. El nombre que Abraham le puso al hijo que Sara le dio, fue Isaac. Entonces Sara pensó: "Dios me ha hecho reir, y todos los que sepan que he tenido un hijo, se reirán conmigo."

El niño Isaac creció y lo destetaron. El día en que fue destetado, Abraham hizo una gran fiesta.

Dios prueba a Abraham

Génesis 22.1–13,15–18

Después de algún tiempo, Dios puso a prueba la fe de Abraham. Lo llamó por su nombre, y él contestó:

—Aquí estoy.

Y Dios le dijo:

—Toma a Isaac, tu único hijo, al que tanto amas, y vete a la tierra de Moria. Una vez allá, ofrécelo en holocausto sobre el cerro que yo te señalaré.

Al día siguiente, muy temprano, Abraham se levantó y ensilló su asno; cortó leña para el holocausto y se fue al lugar que Dios le había dicho, junto con su hijo Isaac y dos de sus siervos. Al tercer día, Abraham alcanzó a ver el lugar desde lejos. Entonces les dijo a sus siervos:

—Quédense aquí con el asno. El muchacho y yo seguiremos adelante, adoraremos a Dios, y luego regresaremos.

Abraham tomó la leña para el holocausto y la puso sobre los hombros de Isaac; luego tomó el

21

cuchillo y el fuego, y se fueron los dos juntos. Poco después Isaac le dijo a Abraham:

—¡Padre!

—¿Qué quieres, hijo? —le contestó Abraham.

—Mira —dijo Isaac—, tenemos la leña y el fuego, pero ¿dónde está el cordero para el holocausto?

—Dios se encargará de que haya un cordero para el holocausto, hijito —respondió su padre.

Y siguieron caminando juntos. Cuando llegaron al lugar que Dios le había dicho, Abraham construyó un altar y preparó la leña; luego ató a su hijo Isaac y lo puso en el altar, sobre la leña; pero en el momento de tomar el cuchillo para sacrificar a su hijo, el ángel del Señor lo llamó desde el cielo:

—¡Abraham! ¡Abraham!

—Aquí estoy —contestó él.

El ángel le dijo:

—No le hagas ningún daño al muchacho, porque ya sé que tienes temor de Dios, pues no te negaste a darme tu único hijo.

Abraham se fijó, y vio un carnero que estaba enredado por los cuernos entre las ramas de un arbusto; entonces fue, tomó el carnero y lo ofreció en holocausto, en lugar de su hijo.

El ángel del Señor llamó a Abraham desde el cielo por segunda vez, y le dijo:

—El Señor ha dicho: 'Puesto que has hecho esto y no me has negado a tu único hijo, juro por mí mismo que te bendeciré mucho. Haré que tu descendencia sea tan numerosa como las estrellas del cielo y como la arena que hay a la orilla del mar. Además, ellos siempre vencerán a sus enemigos, y todas las naciones del mundo serán bendecidas por medio de ellos, porque me has obedecido.'

Una esposa para Isaac

Génesis 24.1–2a,4,11,12,15a,16a,16c–24a,
25–29,30b–32a,33,50a,51,61,63–67a

Abraham era ya muy viejo, y el
Señor lo había bendecido en todo.
Un día llamó al más viejo de sus
siervos, el que estaba a cargo de
todo lo suyo, y le dijo:

—Irás a mi tierra y escogerás una
esposa para [Isaac] entre las
mujeres de mi familia.

Cuando el siervo llegó a las
afueras de la ciudad, [donde vivía el
hermano de Abraham] ya empezaba
a oscurecer. A esa hora las mujeres
van a sacar agua. El siervo hizo
descansar a los camellos junto a un
pozo de agua, y comenzó a orar:
"Señor y Dios de mi amo Abraham,
haz que hoy me vaya bien, y
muéstrate bondadoso con mi amo."

Todavía no había terminado de
orar, cuando vio que una muchacha
venía con su cántaro al hombro. Era
Rebeca. Rebeca era muy hermosa.
Bajó al pozo, llenó su cántaro, y ya
regresaba cuando el siervo corrió a
alcanzarla y le dijo:

—Por favor, déjeme usted beber
un poco de agua de su cántaro.

—Beba usted, señor —contestó
ella.

Y en seguida bajó su cántaro, lo
sostuvo entre las manos y le dio de
beber. Cuando el siervo terminó de
beber, Rebeca le dijo:

—También voy a sacar agua para
sus camellos, para que beban toda la
que quieran.

Rápidamente vació su cántaro en
el bebedero y corrió varias veces al
pozo, hasta que sacó agua para
todos los camellos. Mientras tanto
el siervo la miraba sin decir nada,
pues quería estar seguro de que el
Señor había hecho que le fuera bien
en su viaje. Cuando los camellos
terminaron de beber, el hombre
tomó un anillo de oro que pesaba
como seis gramos, y se lo puso a
ella en la nariz. También le dio dos
brazaletes de oro que pesaban más
de cien gramos, y le dijo:

—Dígame por favor de quién es
usted hija, y si hay lugar en la casa
de su padre donde mis hombres y
yo podamos pasar la noche.

Y ella contestó:

—Soy hija de Betuel. En nuestra
casa hay lugar para que usted pase

la noche, y también suficiente paja y comida para los camellos.

Entonces el siervo se arrodilló y adoró al Señor, diciendo: "¡Bendito sea el Señor, el Dios de mi amo Abraham, pues ha sido fiel y bondadoso con mi amo, y me ha dirigido en el camino a la casa de sus parientes!"

Rebeca fue corriendo a la casa de su madre, a contar todo lo que le había pasado. Tenía ella un hermano llamado Labán, el cual corrió al pozo a buscar al hombre. Labán se acercó al siervo de Abraham, que todavía estaba con los camellos junto al pozo, y le dijo:

—Venga usted, bendito del Señor. ¡Cómo va usted a quedarse aquí afuera, si ya he preparado la casa y un lugar para los camellos!

Entonces el siervo fue a la casa. Cuando le sirvieron de comer, el siervo de Abraham dijo:

—Yo no podría comer antes de haber dicho lo que tengo que decir.

—Hable usted —dijo Labán.

[Y él les contó el motivo de su viaje.] Entonces Labán y Betuel le contestaron:

—Mire usted, aquí está Rebeca; tómela y váyase. Que sea la esposa del hijo de su amo, tal como el Señor lo ha dispuesto.

Entonces Rebeca y sus siervas montaron en los camellos y siguieron al siervo de Abraham. Fue así como el siervo tomó a Rebeca y se fue de allí.

[Isaac] había salido a dar un paseo al anochecer. En esto vio que unos camellos se acercaban. Por su

parte, Rebeca también miró y, al ver a Isaac, se bajó del camello y le preguntó al siervo:

—¿Quién es ese hombre que viene por el campo hacia nosotros?

—Es mi amo —contestó el siervo. Entonces ella tomó su velo y se cubrió la cara.

El siervo le contó a Isaac todo lo que había hecho. Luego Isaac llevó a Rebeca a la tienda de campaña de su madre Sara, y se casó con ella.

Nacimiento de Jacob y Esaú

Génesis 25.19–20a,21–26

Esta es la historia de Isaac, el hijo de Abraham. Isaac tenía cuarenta años cuando se casó con Rebeca, que era hija de Betuel y hermana de Labán.

Rebeca no podía tener hijos, así que Isaac le rogó al Señor por ella. Y el Señor oyó su oración y Rebeca quedó embarazada. Pero como los mellizos se peleaban dentro de su vientre, ella pensó: "Si esto va a ser así, ¿para qué seguir viviendo?" Entonces fue a consultar el caso con el Señor, y él le contestó:

"En tu vientre hay dos naciones,
dos pueblos que están en lucha
desde antes de nacer.
Uno será más fuerte que el otro,
y el mayor estará sujeto
    al menor."

Llegó al fin el día en que Rebeca tenía que dar a luz, y tuvo mellizos. El primero que nació era pelirrojo, todo cubierto de vello, y lo llamaron Esaú. Luego nació su hermano, agarrado al talón de Esaú con una mano, y por eso lo llamaron Jacob. Isaac tenía sesenta años cuando Rebeca los dio a luz.

26

Esaú vende sus derechos de hermano mayor

Génesis 25.27–34

Los niños crecieron. Esaú llegó a ser un hombre del campo y muy buen cazador; Jacob, por el contrario, era un hombre tranquilo, y le agradaba quedarse en el campamento. Isaac quería más a Esaú, porque le gustaba comer de lo que él cazaba, pero Rebeca prefería a Jacob.

Un día en que Jacob estaba cocinando, Esaú regresó muy cansado del campo y le dijo:

—Por favor, dame un poco de ese guiso rojo que tienes ahí, porque me muero de hambre.

(Por eso a Esaú también se le conoce como Edom.)

—Primero dame a cambio tus derechos de hijo mayor —contestó Jacob.

Entonces Esaú dijo:

—Como puedes ver, me estoy muriendo de hambre, de manera que los derechos de hijo mayor no me sirven de nada.

—Júramelo ahora mismo —insistió Jacob.

Esaú se lo juró, y así le cedió a Jacob sus derechos de hijo mayor. Entonces Jacob le dio a Esaú pan y guiso de lentejas. Cuando Esaú terminó de comer y beber, se levantó y se fue, sin dar ninguna importancia a sus derechos de hijo mayor.

Isaac bendice a Jacob

*Génesis 27.1a,2–6a,9–13a,14–19a,20–23a,
30–31a,32–35,38*

Isaac estaba ya muy viejo, y se había quedado ciego. Un día llamó a Esaú, su hijo mayor, y le dijo:

—Ya ves que estoy muy viejo, y un día de estos me puedo morir. Por eso quiero que vayas al monte con tu arco y tus flechas para cazar algún animal. Prepara luego un guisado sabroso, como a mí me gusta, y tráelo para que yo lo coma. Entonces te daré mi bendición antes de morir.

Pero Rebeca estaba oyendo lo que Isaac le decía a Esaú. Por eso, en cuanto este se fue al monte a cazar algo para su padre, ella dijo a Jacob, su hijo menor:

—Mira, oí que tu padre estaba hablando con tu hermano Esaú. Ve a donde está el rebaño, y tráeme dos de los mejores cabritos; voy a prepararle a tu padre un guisado sabroso, como a él le gusta. Tú se lo vas a llevar para que lo coma, y así te dará a ti su bendición antes de morir.

Pero Jacob le dijo a su madre:

—Mi hermano tiene mucho pelo en el cuerpo, y yo no. Si mi padre llega a tocarme y me reconoce, va a pensar que me estoy burlando de él; entonces haré que me maldiga en lugar de que me bendiga.

Pero su madre le contestó:

—Hijo mío, que esa maldición recaiga sobre mí.

Jacob fue por los cabritos y se los trajo a su madre. Ella preparó entonces un guisado sabroso, como a Isaac le gustaba, sacó la mejor ropa de Esaú, su hijo mayor, que estaba guardada en la casa, y se la puso a Jacob, su hijo menor. Luego, con la piel de los cabritos, le cubrió a Jacob los brazos y la parte del cuello donde no tenía pelo, y le dio el guisado y el pan que había preparado.

Entonces Jacob entró donde estaba su padre, y le dijo:

—¡Padre!

—Aquí estoy. ¿Cuál de mis hijos eres tú? —preguntó Isaac.

—Soy Esaú, tu hijo mayor —contestó Jacob.

Entonces Isaac le preguntó:

—¿Cómo pudiste encontrarlo tan pronto, hijo mío?

—El Señor tu Dios me ayudó a encontrarlo —respondió Jacob.

Pero Isaac le dijo:

—Acércate y déjame tocarte, a ver si de veras eres mi hijo Esaú.

Jacob se acercó para que su padre lo tocara. Entonces Isaac dijo: "La voz es la de Jacob, pero los brazos son los de Esaú." Así que no lo reconoció, porque sus brazos tenían mucho pelo, como los de su hermano Esaú, [y por eso lo bendijo.]

Había terminado Isaac de bendecir a Jacob, y apenas salía Jacob de donde estaba su padre, cuando Esaú regresó de cazar. También él preparó un guisado sabroso, se lo llevó a su padre.

Entonces Isaac le preguntó:

—¿Quién eres tú?

—Soy Esaú, tu hijo mayor —contestó.

Isaac se quedó muy sorprendido, y con voz temblorosa dijo:

—Entonces, ¿quién es el que fue a cazar y me trajo el guisado? Yo me lo comí todo antes de que tú llegaras, y le di mi bendición, y ahora él ha quedado bendecido.

Cuando Esaú oyó lo que su padre decía, se puso a llorar amargamente, y gritó:

—¡Dame también a mí tu bendición, padre mío!

Pero Isaac le contestó:

—Ya vino tu hermano, y me engañó, y se llevó la bendición que era para ti.

Esaú insistió:

—¿No puedes dar más que una sola bendición, padre mío? ¡Bendíceme también a mí!

Y volvió a llorar a gritos.

Jacob huye de Esaú

Génesis 27.41–45

Desde entonces Esaú odió a Jacob por la bendición que le había dado su padre, y pensaba: "Ya pronto vamos a estar de luto por la muerte de mi padre; después de eso, mataré a mi hermano Jacob."

Cuando Rebeca supo lo que Esaú estaba planeando, mandó llamar a Jacob y le dijo:

—Mira, tu hermano Esaú quiere matarte para vengarse de ti. Por eso, hijo, escúchame; huye en seguida a Harán, a casa de mi hermano Labán. Quédate con él por algún tiempo, hasta que se le pase el enojo a tu hermano y olvide lo que le has hecho. Entonces te mandaré avisar para que vuelvas. ¡No quiero perder a mis dos hijos en un solo día!

[Jacob llegó a casa de Labán; allí vivió mucho tiempo y se casó y tuvo hijos.]

Jacob lucha con Dios

Génesis 32.3–12,24b–31

[Cuando llegó el tiempo de regresar a su tierra,] Jacob envió unos mensajeros a la tierra de Seír, que es la región de Edom, para anunciarle su llegada a su hermano Esaú, y les dio este mensaje: "Díganle a mi hermano Esaú: 'Su hermano Jacob se pone a sus órdenes, y le manda a decir: He vivido con Labán todo este tiempo, y tengo vacas, asnos, ovejas, esclavos y esclavas. Envío este mensaje a mi señor, esperando ganarme su buena voluntad.' "

Cuando los mensajeros regresaron, le dijeron a Jacob:

—Fuimos a ver a su hermano Esaú, y ya viene él mismo para recibirlo a usted, acompañado de cuatrocientos hombres.

Al oir esto, Jacob tuvo mucho miedo y se quedó muy preocupado. Dividió entonces en dos grupos la gente que estaba con él, y también las ovejas, vacas y camellos, pues pensó: "Si Esaú viene contra un grupo y lo ataca, el otro grupo podrá escapar." Luego comenzó a orar: "Señor, Dios de mi abuelo Abraham y de mi padre Isaac, que me dijiste que regresara a mi tierra y a mis parientes, y que harías que me fuera bien: no merezco la bondad y fidelidad con que me has tratado. Yo crucé este río Jordán sin llevar nada más que mi bastón, y ahora he llegado a tener dos campamentos. ¡Por favor, sálvame de las manos de mi hermano Esaú! Tengo miedo de que venga a atacarme y mate a las mujeres y a los niños. Tú has dicho claramente que harás que me vaya bien, y que mis descendientes serán tan numerosos como los granitos de arena del mar, que no se pueden contar."

Cuando Jacob se quedó solo, un hombre luchó con él hasta que amaneció; pero como el hombre vio que no podía vencer a Jacob, lo golpeó en la coyuntura de la cadera, y esa parte se le zafó a Jacob mientras luchaba con él. Entonces el hombre le dijo:

—Suéltame, porque ya está amaneciendo.

—Si no me bendices, no te soltaré —contestó Jacob.

—¿Cómo te llamas? —preguntó aquel hombre.

—Me llamo Jacob —respondió él. Entonces el hombre le dijo:

—Ya no te llamarás Jacob. Tu nombre será Israel, porque has luchado con Dios y con los hombres, y has vencido.

—Ahora dime cómo te llamas tú —preguntó Jacob.

Pero el hombre contestó:

—¿Para qué me preguntas mi nombre?

Luego el hombre lo bendijo allí mismo. Y Jacob llamó a aquel lugar Penuel, porque dijo: "He visto a Dios cara a cara, y sin embargo todavía estoy vivo."

Ya Jacob estaba pasando de Penuel cuando el sol salió; pero debido a su cadera, iba cojeando.

Jacob se encuentra con Esaú

Génesis 33.1a,3b–4

Cuando Jacob vio que Esaú venía acompañado de cuatrocientos hombres, se adelantó a ellos, y se inclinó hasta tocar el suelo con la frente siete veces, hasta que estuvo cerca de su hermano. Pero Esaú corrió a su encuentro y, echándole los brazos al cuello, lo abrazó y lo besó. Los dos lloraron.

José y sus hermanos

Génesis 37.1–2a,2c–11

Jacob se quedó a vivir en Canaán, donde su padre había vivido por algún tiempo. Esta es la historia de la familia de Jacob.

Cuando José era un muchacho de diecisiete años, cuidaba las ovejas junto con sus hermanos. Y José llevaba a su padre quejas de la mala conducta de sus hermanos.

Israel quería a José más que a sus otros hijos, porque había nacido cuando él ya era viejo. Por eso le hizo una túnica muy elegante. Pero al darse cuenta sus hermanos de que su padre lo quería más que a todos ellos, llegaron a odiarlo y ni siquiera lo saludaban.

Una vez José tuvo un sueño, y se lo contó a sus hermanos; pero ellos lo odiaron más todavía, porque les dijo:

—Escuchen, voy a contarles el sueño que tuve. Soñé que todos

nosotros estábamos en el campo, haciendo manojos de trigo; de pronto, mi manojo se levantó y quedó derecho, pero los manojos de ustedes se pusieron alrededor del mío y le hicieron reverencias.

Entonces sus hermanos contestaron:

—¿Quieres decir que tú vas a ser nuestro rey, y que nos vas a dominar?

Y lo odiaron todavía más por sus

sueños y por la forma en que los contaba.

Después José tuvo otro sueño, que también les contó a sus hermanos. Les dijo:

—¿Saben que tuve otro sueño, en el que veía que el sol, la luna y once estrellas me hacían reverencias?

Cuando José contó este sueño a su padre y a sus hermanos, su padre le reprendió y le dijo:

—¿Qué quieres decir con este sueño que tuviste? ¿Acaso tu madre, tus hermanos y yo tendremos que hacerte reverencias?

Y sus hermanos le tenían envidia, pero su padre pensaba mucho en este asunto.

José es echado a un pozo seco

Génesis 37.12–24

Un día los hermanos de José fueron a Siquem, buscando pastos para las ovejas de su padre. Entonces Israel le dijo a José:

—Mira, tus hermanos están en Siquem cuidando las ovejas. Quiero que vayas a verlos.

—Iré con mucho gusto—contestó José.

—Bueno —dijo Israel—, ve y fíjate cómo están tus hermanos y las ovejas, y regresa luego a traerme la noticia.

Israel mandó a José desde el valle de Hebrón, y cuando José llegó a Siquem, se perdió por el campo. Entonces un hombre lo encontró y le preguntó:

—¿Qué andas buscando?

—Ando buscando a mis hermanos —respondió José—.

¿Podría usted decirme dónde están cuidando las ovejas?

—Ya se fueron de aquí —dijo el hombre—. Les oí decir que se iban a Dotán.

José fue en busca de sus hermanos y los encontró en Dotán. Ellos lo vieron venir a lo lejos, y antes de que se acercara hicieron planes para matarlo. Se dijeron unos a otros:

—¡Miren, ahí viene el de los sueños! Vengan, vamos a matarlo; luego lo echaremos a un pozo y diremos que un animal salvaje se lo comió. ¡Y vamos a ver qué pasa con sus sueños!

Cuando Rubén oyó esto, quiso librarlo de sus hermanos, y dijo:

—No lo matemos. No derramen sangre. Échenlo a este pozo que está en el desierto, pero no le pongan la mano encima.

Rubén dijo esto porque quería poner a salvo a José y devolvérselo a su padre; pero cuando José llegó a donde estaban sus hermanos, ellos le quitaron la túnica que llevaba puesta, lo agarraron y lo echaron al pozo, que estaba vacío y seco.

José es llevado a Egipto

Génesis 37.25b–35

[Poco después, los hermanos de José] vieron venir una caravana de ismaelitas que venían de Galaad y que traían en sus camellos perfumes, bálsamo y mirra, para llevarlos a Egipto. Entonces Judá les dijo a sus hermanos:

—¿Qué ganamos con matar a nuestro hermano, y después tratar

de ocultar su muerte? Es mejor que lo vendamos a los ismaelitas y no que lo matemos, porque después de todo es nuestro hermano.

Sus hermanos estuvieron de acuerdo con él, y cuando los comerciantes madianitas pasaron por allí, los hermanos de José lo sacaron del pozo y lo vendieron a los ismaelitas por veinte monedas de plata. Así se llevaron a José a Egipto.

Cuando Rubén regresó al pozo y no encontró a José allí adentro, rasgó su ropa en señal de dolor. Luego volvió a donde estaban sus hermanos, y les dijo:

—¡El muchacho ya no está! ¿Ahora qué voy a hacer?

Entonces ellos tomaron la túnica de José y la mancharon con la sangre de un cabrito que mataron; luego se la mandaron a su padre, con este mensaje: "Encontramos esto. Fíjate bien si es o no la túnica de tu hijo."

En cuanto Jacob la reconoció, dijo: "¡Sí, es la túnica de mi hijo! Algún animal salvaje lo hizo pedazos y se lo comió." Entonces Jacob rasgó su ropa y se vistió de luto, y por mucho tiempo lloró la muerte de su hijo. Todos sus hijos y sus hijas trataban de consolarlo, pero él no quería que lo consolaran; al contrario, lloraba por su hijo y decía: "Guardaré luto por mi hijo, hasta que vaya a reunirme con él entre los muertos."

José en la casa de Potifar

Génesis 39.1–6a

Cuando José fue llevado a Egipto, un egipcio llamado Potifar lo compró a los ismaelitas que lo habían llevado allá. Potifar era funcionario del faraón y capitán de su guardia. Pero el Señor estaba con José, y le fue muy bien mientras vivía en la casa de su amo egipcio. Su amo se dio cuenta de que el Señor estaba con José, y que por eso a José le iba bien en todo. Esto hizo que José se ganara la simpatía de su amo, que lo nombró su ayudante personal y mayordomo de su casa, y dejó a su cargo todo lo que tenía. Desde el día en que Potifar dejó a José a cargo de su casa y de todo lo suyo, el Señor bendijo a Potifar, tanto en su casa como en el campo. Con José al cuidado de todo lo que tenía, Potifar ya no se preocupaba mas que de comer.

La mujer de Potifar

Génesis 39.6b–17a,19b–20b

José era muy bien parecido y causaba buena impresión, así que después de algún tiempo la esposa de su amo se fijó en él, y un día le dijo:

—Acuéstate conmigo.

Pero José no quiso, y le contestó:

—Mire usted, mi amo ha dejado a mi cargo todo lo que tiene, y estando yo aquí, no tiene de qué preocuparse. En esta casa nadie es más que yo; mi amo no me ha negado nada, sino solo a usted, pues es su esposa; así que, ¿cómo podría yo hacer algo tan malo, y pecar contra Dios?

Y aunque ella insistía con José todos los días para que se acostara con ella y estuviera a su lado, él no le hacía caso. Pero un día José entró en la casa para hacer su trabajo y, como no había nadie allí, ella lo agarró de la ropa y le dijo:

—Acuéstate conmigo.

Pero él salió corriendo y dejó su ropa en las manos de ella. Cuando ella vio que al salir le había dejado

37

la ropa en sus manos, llamó a los siervos de la casa y les dijo:

—Miren, mi esposo nos trajo un hebreo que ahora se burla de nosotros. Entró a verme y quería acostarse conmigo, pero yo grité muy fuerte; y cuando me oyó gritar con todas mis fuerzas, salió corriendo y hasta dejó aquí su ropa.

Luego, ella guardó la ropa de José hasta que su amo llegó a la casa. Entonces le contó lo mismo.

El amo de José se enojó mucho al oir lo que su esposa le estaba

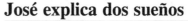

José explica dos sueños

Génesis 40.1–3,5–14,16–19,21–22

Después de esto, el copero, o sea el encargado de servirle vino al rey, y también el panadero, ofendieron a su amo, el rey de Egipto. El faraón, o sea el rey, se enojó contra estos dos funcionarios, el jefe de los coperos y el jefe de los panaderos, y los mandó presos a la casa del capitán de la guardia, donde estaba la cárcel. Era el mismo lugar donde José estaba preso.

Una noche los dos presos, el copero y el panadero, tuvieron cada uno un sueño, y cada sueño tenía su propio significado. Por la mañana, cuando José vino a verlos, los encontró muy preocupados; así que les preguntó:

—¿Por qué tienen hoy tan mala cara?

—Tuvimos un sueño y no hay quien nos explique lo que quiere decir —contestaron ellos.

—¿Y acaso no es Dios quien da las interpretaciones? —preguntó José—. Vamos, cuéntenme lo que soñaron.

contando, así que agarró a José y ordenó que lo metieran en la cárcel, donde estaban los presos del rey.

Entonces el jefe de los coperos le contó su sueño a José con estas palabras:

—En mi sueño veía una vid, que tenía tres ramas. Y la vid retoñaba y echaba flores, y las flores se convertían en racimos de uvas maduras. Yo tenía la copa del faraón en la mano, y tomaba las uvas y las exprimía en la copa.

Luego, yo mismo ponía la copa en manos del faraón.

Y José le dijo:

—El sueño de usted quiere decir esto: las tres ramas son tres días, y dentro de tres días el faraón revisará el caso de usted y lo pondrá de nuevo en su trabajo, y usted volverá a darle la copa al faraón, tal como antes lo hacía. Cuando esto suceda, acuérdese usted de mí, y por favor háblele de mí al faraón para que me saque de este lugar. ¡Compadézcase de mí!

Cuando el jefe de los panaderos vio que José había dado una interpretación favorable, le dijo:

—Por mi parte, yo soñé que tenía tres canastillos de pan blanco sobre mi cabeza. El canastillo de arriba tenía un gran surtido de pasteles para el faraón, pero las aves venían a comer del canastillo que estaba sobre mi cabeza.

Entonces José le contestó:

—El sueño de usted quiere decir esto: los tres canastillos son tres días, y dentro de tres días el faraón revisará el caso de usted y hará que lo cuelguen de un árbol, y las aves se comerán su carne.

[Y así sucedió.] Al copero lo puso de nuevo en su trabajo, y él volvió a darle la copa al faraón, como antes; pero al panadero lo mandó ahorcar, tal como José lo había interpretado.

Los sueños del rey de Egipto

Génesis 41.1–8

Pasaron dos años. Un día, el faraón soñó que estaba de pie a la orilla del río Nilo, y que del río salían siete vacas hermosas y gordas, que comían hierba entre los juncos. Detrás de ellas, siete vacas feas y flacas salieron del río y se pusieron en la orilla, cerca de las otras. Luego, estas vacas feas y flacas se comieron a las siete vacas hermosas y gordas.

El faraón se despertó, pero se volvió a dormir y tuvo otro sueño: veía que siete espigas de trigo llenas y hermosas crecían en un solo tallo. Detrás de ellas salieron otras siete espigas, secas y quemadas por el viento del este, y estas espigas secas se comieron a las siete espigas gruesas y llenas.

El faraón se despertó, y se dio cuenta de que era un sueño. Pero al día siguiente por la mañana estaba muy preocupado, y ordenó que vinieran todos los adivinos y sabios de Egipto. El faraón les contó sus sueños, pero ninguno de ellos pudo decirle lo que significaban.

José explica los sueños del rey

Génesis 41.9–16,25–32

Entonces el jefe de los coperos le dijo al faraón:

—Ahora me acuerdo de lo mal que me he portado. Cuando Su Majestad se enojó con el jefe de los panaderos y con este servidor suyo, nos mandó a los dos a la cárcel del capitán de la guardia. Una noche, el jefe de los panaderos tuvo un sueño y yo tuve otro, y cada sueño tenía su propio significado. En ese lugar estaba con nosotros un joven hebreo, que era esclavo del capitán de la guardia. Le contamos nuestros sueños y él los interpretó, y nos dijo su significado. ¡Y todo pasó tal como él nos lo había dicho! Yo volví de nuevo a mi trabajo, y el otro fue ahorcado.

Entonces el faraón mandó llamar a José, y lo sacaron inmediatamente de la cárcel. José se cortó el pelo, se cambió de ropa y se presentó delante del faraón. Y el faraón le dijo:

—He tenido un sueño y no hay quien pueda interpretarlo, pero he sabido que cuando tú oyes un sueño lo puedes interpretar.

—Eso no depende de mí —contestó José—; pero Dios le dará a Su Majestad una contestación para su bien.

[El faraón contó sus sueños a José.] Entonces José le contestó al faraón:

—Los dos sueños que tuvo Su Majestad, son uno solo. Dios le ha anunciado a usted lo que él va a hacer. Las siete vacas hermosas son siete años, lo mismo que las siete espigas hermosas. Es el mismo sueño. Las siete vacas flacas y feas que salieron detrás de las otras, también son siete años; lo mismo que las siete espigas secas y quemadas por el viento del este. Estos serán siete años de escasez. Es tal como se lo he dicho: Dios le ha anunciado a Su Majestad lo que él va a hacer. Van a venir siete años de mucha abundancia en todo Egipto, y después vendrán siete años de gran escasez. Nadie se acordará de la abundancia que hubo en Egipto, porque la escasez arruinará al país. Será tan grande la escasez, que no quedarán señales de la abundancia que antes hubo. Su Majestad tuvo el mismo sueño dos veces, porque Dios está decidido a hacer esto, y lo va a hacer muy pronto.

José es gobernador de Egipto

Génesis 41.33b–38,42–43,47–49,53–54;42.1–3

[Después de explicar sus sueños al faraón, José también le dijo:] "Sería bueno que Su Majestad buscara un hombre inteligente y sabio, para que se haga cargo del país. Haga Su Majestad lo siguiente: nombre Su Majestad gobernadores que vayan por todo el país y recojan la quinta parte de todas las cosechas de

Egipto, durante los siete años de abundancia. Que junten todo el trigo de los buenos años que vienen; que lo pongan en un lugar bajo el control de Su Majestad, y que lo guarden en las ciudades para alimentar a la gente. Así el trigo quedará guardado para el país, para que la gente no muera de hambre durante los siete años de escasez que habrá en Egipto.

El plan les pareció bien al faraón y a sus funcionarios, así que el faraón les dijo:

—¿Podremos encontrar otro hombre como este, que tenga el espíritu de Dios?

El faraón se quitó de la mano el anillo que tenía su sello oficial y se lo puso a José. Luego ordenó que lo vistieran con ropas de lino muy fino y que le pusieran un collar de oro en el cuello. Después lo hizo subir en el carro que siempre iba después del

suyo, y ordenó que gritaran delante de él: "¡Abran paso!" Así fue como José quedó al frente de todo el país de Egipto.

La tierra produjo muchísimo durante los siete años de abundancia, y José recogió todo el trigo que hubo en el país durante esos siete años; lo guardó en las ciudades, dejando en cada ciudad el trigo recogido en los campos vecinos. José recogió trigo como si fuera arena del mar. Era tanto el trigo, que dejó de medirlo, pues no se podía llevar la cuenta.

Pasaron los siete años de abundancia que hubo en Egipto, y comenzaron los siete años de escasez, tal como José lo había dicho. Hubo hambre en todos los países, menos en Egipto, pues allí había qué comer.

Cuando Jacob supo que en Egipto había trigo, les dijo a sus hijos: "¿Qué hacen ahí, mirándose unos a otros? Me han dicho que en Egipto hay trigo. Vayan allá y compren trigo para nosotros, para que podamos seguir viviendo."

Entonces diez de los hermanos de José fueron a Egipto a comprar trigo.

Los hermanos de José van a Egipto

Génesis 42.6–7,12–15,17–20,24b–29b,36–38
José era el gobernador del país, y el que vendía trigo a la gente que llegaba de todas partes. Cuando sus hermanos se presentaron ante él, se inclinaron hasta tocar el suelo con la frente. José reconoció a sus hermanos en cuanto los vio; pero

hizo como que no los conocía, y les preguntó en forma brusca:

—¡Ustedes!, ¿de dónde vienen?

—Venimos de Canaán, a comprar trigo —contestaron ellos.

—No es cierto —insistió José—. Ustedes vienen a ver cuáles son los puntos débiles del país.

Pero ellos contestaron:

—Los servidores de usted somos doce hermanos, hijos del mismo padre, y vivimos en Canaán. Nuestro hermano menor se ha quedado con nuestro padre, y el otro ya no está con nosotros.

Sin embargo, José volvió a decirles:

—¡Tal como dije! Ustedes son espías, y con esto vamos a probarlo: les juro por el faraón que no saldrán de aquí hasta que venga su hermano menor.

José los tuvo presos a todos ellos durante tres días, pero al tercer día les dijo:

—Yo tengo temor de Dios. Hagan esto y se les perdonará la vida: si son de veras honrados, dejen en la cárcel a uno de sus hermanos, y los demás vayan y lleven trigo para que coman sus familias. Tráiganme luego a su hermano menor, y veremos si han dicho la verdad. Si no, morirán.

Ellos aceptaron. [José] apartó a Simeón y, a la vista de ellos, hizo que lo ataran. Después ordenó que les llenaran de trigo sus costales, que le devolvieran a cada uno su dinero, poniéndolo dentro de cada costal, y que les dieran comida para el camino. Así se hizo. Entonces ellos cargaron el trigo en sus asnos, y se fueron de allí.

Cuando llegaron al lugar donde iban a pasar la noche, uno de ellos abrió su costal para darle de comer a su asno, y vio que su dinero estaba allí, en la boca del costal. Entonces les dijo a sus hermanos:

—¡Miren, me devolvieron mi dinero! ¡Aquí está, en mi costal!

Todos ellos se asustaron mucho, y temblando de miedo se decían el uno al otro:

—¿Qué es lo que Dios nos ha hecho?

Cuando llegaron a Canaán, le contaron a su padre Jacob todo lo que les había pasado. Entonces Jacob les dijo:

—Ustedes me están dejando sin hijos. José ya no está con nosotros, Simeón tampoco, ¡y ahora me van a quitar a Benjamín! ¡Y siempre el perjudicado soy yo!

Entonces Rubén le dijo a su padre:

—Deja a Benjamín a mi cuidado, y yo te lo devolveré. Si no te lo devuelvo, puedes matar a mis dos hijos.

Pero Jacob contestó:

—Mi hijo no irá con ustedes. Su hermano José ha muerto y solo queda él. Si le pasa algo malo en el viaje que van a hacer, ustedes tendrán la culpa de que este viejo se muera de tristeza.

Los hermanos de José vuelven a Egipto

Génesis 43.1–5a,6–7a,7c–8a,9a,11a,12–17, 26–32a,33

El hambre aumentaba en el país, así que cuando Jacob y sus hijos se comieron lo que les quedaba del trigo que habían llevado de Egipto, Jacob les dijo:

—Vayan otra vez y compren un poco de trigo para nosotros.

Pero Judá le contestó:

—Aquel hombre nos dijo bien claro: 'Si no traen aquí a su hermano menor, no vengan a verme.' Así pues, si lo dejas ir con nosotros, iremos a comprarte trigo; pero si no lo dejas ir, no iremos.

Entonces dijo Israel:

—¿Por qué me han hecho tanto mal? ¿Por qué le dijeron a ese hombre que tenían otro hermano?

Y ellos contestaron:

—Es que él nos preguntaba mucho acerca de nosotros y de nuestra familia. ¿Cómo íbamos a saber que nos diría: 'Traigan a su hermano'?

Judá le dijo a su padre Israel:

—Si queremos vivir, deja que vaya el muchacho bajo mi cuidado. Yo te respondo por él; a mí me pedirás cuentas de lo que le pase.

Entonces su padre les contestó:

—Puesto que no hay otro remedio, hagan esto: lleven en sus costales un regalo para ese hombre. Lleven también el doble del dinero, y entreguen personalmente el dinero que les devolvieron; tal vez fue un error. ¡Vamos!, tomen a su hermano y vayan otra vez a ver a ese hombre. Que el Dios todopoderoso le haga tener compasión de ustedes, para que deje libre a su otro hermano y a Benjamín. En cuanto a mí, si he de quedarme sin hijos, pues ¡me quedaré sin hijos!

Los hijos de Jacob tomaron los regalos, el doble del dinero, y a Benjamín, y se fueron a Egipto. Cuando llegaron ante José, y José vio que Benjamín estaba con ellos, le dijo al mayordomo de su casa:

—Lleva a estos hombres a mi casa, y mata una vaca y prepárala, porque ellos comerán conmigo hoy al mediodía.

El mayordomo hizo tal como José le ordenó, y los llevó personalmente.

Cuando José llegó a la casa, ellos le dieron los regalos que habían traído, y se inclinaron hasta tocar el suelo con la frente. José les preguntó cómo estaban, y también preguntó:

—¿Cómo está su padre, el anciano del cual me hablaron? ¿Vive todavía?

Ellos hicieron una reverencia y dijeron:

—Nuestro padre, su servidor, está bien. Todavía vive.

José miró a su alrededor y vio a Benjamín, su hermano de padre y madre, y dijo:

—¿Es este su hermano menor, del cual me hablaron? ¡Que Dios te bendiga, hijo mío!

Al decir esto, José se sintió tan emocionado de ver a su hermano, que le dieron ganas de llorar. Rápidamente entró en su cuarto, y allí se puso a llorar. Cuando pudo contener el llanto, se lavó la cara y salió, y dijo: "¡Sirvan ya la comida!"

A José le sirvieron en una mesa, a los hijos de Jacob en otra. Los

hermanos de José se sentaron cuando José así lo indicó, por orden de edad, del mayor al menor; y estaban muy sorprendidos y mirándose unos a otros.

La copa de José

Génesis 44.1a,2a,2c,3–5a,6–7,9–13, 15–17,18a,30b–32a,33–34

Después de esto José le ordenó a su mayordomo:

—Llena los costales de estos hombres con todo el trigo que puedan llevar. Pon también mi copa de plata en la boca del costal del hermano menor.

El mayordomo hizo lo que José le ordenó. Con los primeros rayos del sol, José permitió que sus hermanos se fueran con sus asnos. Todavía no estaban muy lejos de la ciudad, cuando José le dijo a su mayordomo:

49

—Ve a perseguir a esos hombres, y diles cuando los alcances: '¿Por qué han pagado bien con mal? ¿Por qué han robado la copa de plata que mi amo usa para beber y para adivinar?'

Cuando el mayordomo los alcanzó, les repitió las mismas palabras, y ellos le contestaron:

—¿Por qué nos habla usted de ese modo? ¡Jamás haríamos semejante cosa! ¡Que muera cualquiera de estos servidores suyos al que se le encuentre la copa, y hasta nosotros seremos sus esclavos!

Entonces el mayordomo dijo:

—Se hará como ustedes dicen, pero solo el que tenga la copa será mi esclavo; los demás quedarán libres de culpa.

Cada uno de ellos bajó rápidamente su costal hasta el suelo, y lo abrió. El mayordomo buscó en cada costal, comenzando por el del hermano mayor hasta el del hermano menor, y encontró la copa en el costal de Benjamín. Entonces ellos rasgaron su ropa en señal de dolor. Después cada uno echó la carga sobre su asno, y regresaron a la ciudad. [Ahí José les dijo:]

—¿Qué es lo que han hecho? ¿No saben que un hombre como yo sabe adivinar?

Judá contestó:

—¿Qué podemos responderle a usted? ¿Cómo podemos probar nuestra inocencia? Dios nos ha encontrado en pecado. Aquí nos tiene usted; somos sus esclavos, junto con el que tenía la copa.

Pero José dijo:

—De ninguna manera. Solo aquel que tenía la copa será mi esclavo. Los otros pueden regresar tranquilos a la casa de su padre. Nadie los molestará.

Entonces Judá se acercó a José y le dijo:

—Si el muchacho no va con nosotros cuando yo regrese, nuestro padre morirá al no verlo. Así nosotros tendremos la culpa de que nuestro anciano padre se muera de tristeza. Yo le dije a mi padre que me haría responsable del muchacho. Por eso yo le ruego a usted que me permita quedarme como su esclavo, en lugar del muchacho. Deje usted que él se vaya con sus hermanos. Porque, ¿cómo voy a regresar junto a mi padre, si el muchacho no va conmigo? No quiero ver el mal que sufriría mi padre.

José revela la verdad a sus hermanos

Génesis 45.1a,3,4a,4c–8a,9,13–15a,16–17, 19–20,25–28

José ya no pudo contenerse delante de todos los que estaban a su servicio, y gritó: "¡Salgan todos de aquí!"

José les dijo a sus hermanos:

—Yo soy José. ¿Vive mi padre todavía?

Ellos estaban tan asustados de estar delante de él, que no podían contestarle. Pero José les dijo:

—Yo soy su hermano José, el que ustedes vendieron a Egipto; pero, por favor, no se aflijan ni se enojen con ustedes mismos por haberme vendido, pues Dios me mandó antes que a ustedes para salvar vidas. Ya van dos años de hambre en el país, y todavía durante cinco años más no se cosechará nada, aunque se siembre. Pero Dios me envió antes que a ustedes para hacer que les queden descendientes sobre la tierra, y para salvarles la vida de una manera extraordinaria. Así que fue Dios quien me mandó a este lugar, y no ustedes.

"Vayan pronto a donde está mi padre, y díganle: 'Así dice tu hijo José: Dios me ha puesto como señor de todo Egipto. Ven a verme. No tardes.' Cuéntenle a mi padre acerca de toda mi autoridad en Egipto, y de todo lo que han visto aquí. ¡Pronto, vayan a traer a mi padre!

José abrazó a su hermano Benjamín, y comenzó a llorar.

También Benjamín lloró abrazado a José. Luego José besó a todos sus hermanos, y lloró al abrazarlos.

Por el palacio del faraón corrió la noticia de que los hermanos de José habían llegado, y el faraón se alegró junto con sus funcionarios. Y le dijo el faraón a José:

—Di a tus hermanos que carguen sus animales y regresen a Canaán. Ordénales que de aquí, de Egipto, lleven carretas para traer a sus mujeres y niños, y también al padre de ustedes. Que vengan y que no se preocupen por lo que tienen ahora, porque lo mejor de todo Egipto será de ellos.

Salieron de Egipto y llegaron a Canaán, donde vivía su padre Jacob. Cuando le contaron a Jacob que José vivía todavía, y que él era el que gobernaba en todo Egipto, no supo qué hacer o qué decir, pues no podía creer lo que le estaban diciendo. Pero cuando ellos le contaron todo lo que José les había dicho, y cuando vio las carretas que José había mandado para llevarlo, se entusiasmó muchísimo. Entonces dijo: "¡Me basta saber que mi hijo José vive todavía! Iré a verlo antes de morir."

El sufrimiento de los israelitas en Egipto

Éxodo 1.1–4,7,12b–14a,15–19

Estos son los nombres de los israelitas que llegaron con Jacob a Egipto, cada uno con su familia: Rubén, Simeón, Leví, Judá, Isacar, Zabulón, Benjamín, Dan, Neftalí, Gad y Aser. Los israelitas tenían muchos hijos, se multiplicaron de tal manera que llegaron a ser muy poderosos. El país estaba lleno de ellos. Así que los egipcios les tenían mucho miedo.

Los egipcios esclavizaron cruelmente a los israelitas. Les amargaron la vida sometiéndolos al rudo trabajo de preparar lodo y hacer adobes, y de atender a todos los trabajos del campo. Además, el rey de Egipto habló con Sifrá y Puá, que eran parteras de las hebreas, y les dijo:

—Cuando atiendan a las hebreas en sus partos, fíjense en el sexo del recién nacido. Si es niña, déjenla vivir, pero si es niño, ¡mátenlo!

Sin embargo, las parteras tuvieron temor de Dios y no hicieron lo que el rey de Egipto les había ordenado, sino que dejaron vivir a los niños. Entonces el rey de Egipto las mandó llamar y les dijo:

—¿Por qué han dejado vivir a los niños?

—Porque las mujeres hebreas no son como las egipcias —contestaron ellas—. Al contrario, son muy robustas y dan a luz antes de que nosotras lleguemos a atenderlas.

El nacimiento de Moisés

Éxodo 2.1–10

Un hombre de la tribu de Leví se casó con una mujer de la misma tribu, la cual quedó embarazada y tuvo un hijo. Al ver ella que el niño era hermoso, lo escondió durante tres meses; pero, no pudiendo tenerlo escondido por más tiempo, tomó un canastillo de junco, le tapó todas las rendijas con asfalto natural y brea, para que no le entrara agua, y luego puso al niño dentro del canastillo y lo dejó entre los juncos a la orilla del río Nilo; además le dijo a una hermana del niño que se quedara a cierta distancia, y que estuviera al tanto de lo que pasara con él.

Más tarde, la hija del faraón bajó a bañarse al río y, mientras sus sirvientas se paseaban por la orilla, vio el canastillo entre los juncos. Entonces mandó a una de sus esclavas que se lo trajera. Al abrir el canastillo y ver que allí dentro había un niño llorando, la hija del faraón sintió compasión de él y dijo:

—Este es un niño hebreo.

Entonces la hermana del niño propuso a la hija del faraón:

—¿Le parece a usted bien que llame a una nodriza hebrea, para que le dé el pecho a este niño?

—Ve por ella —contestó la hija del faraón.

Entonces la muchacha fue por la madre del niño, y la hija del faraón le dijo:

—Toma a este niño y críamelo, y yo te pagaré por tu trabajo.

La madre del niño se lo llevó y lo crió, y ya grande se lo entregó a la hija del faraón, la cual lo adoptó como hijo suyo y lo llamó Moisés, pues dijo:

—Yo lo saqué del agua.

Moisés huye de Egipto

Éxodo 2.11–15

Cuando Moisés era ya hombre, salió un día a visitar a sus hermanos de raza y se dio cuenta de que sus trabajos eran muy duros. De pronto vio que un egipcio estaba golpeando a uno de sus hermanos hebreos. Entonces miró bien a todos lados y, al no ver a nadie por allí, mató al egipcio y lo enterró en la arena. Al día siguiente volvió a salir, y vio que dos hebreos se estaban peleando. Entonces preguntó al que maltrataba al otro:

—¿Por qué golpeas a uno de tu propia raza?

Y aquel hebreo le contestó:

—¿Y quién te ha puesto a ti como jefe y juez entre nosotros? ¿Acaso piensas matarme, como mataste al egipcio?

Al oir esto, Moisés tuvo miedo, pues se dio cuenta de que ya se había descubierto la muerte del egipcio. En efecto, en cuanto el faraón supo que Moisés había dado muerte a un egipcio, lo mandó buscar para matarlo; pero Moisés huyó y se fue a vivir a la región de Madián.

Moisés en la tierra de Madián

Éxodo 2.16–21

Reuel, sacerdote de Madián, tenía siete hijas. Aquel día, ellas habían ido al pozo a sacar agua para llenar los bebederos y dar de beber a las ovejas de su padre, pero unos pastores vinieron y las echaron de allí. Entonces Moisés se levantó a defenderlas, y dio de beber a las ovejas. Cuando ellas volvieron a donde estaba su padre, él les preguntó:

—¿Cómo es que hoy regresaron tan pronto?

Y ellas contestaron:

—Un egipcio nos defendió de los pastores, luego sacó el agua por nosotras, y les dio de beber a las ovejas.

Entonces Reuel les dijo:

—¿Y dónde está ese hombre?

¿Por qué lo dejaron solo? ¡Vayan a llamarlo para que venga a comer!

Y así Moisés aceptó quedarse a vivir en la casa de Reuel. Después Reuel le dio a su hija Séfora como esposa.

Dios habla con Moisés

Éxodo 3.1–8a,10–15b; 4.1–5

Moisés cuidaba las ovejas de su suegro Jetró, que era sacerdote de Madián, y un día las llevó a través del desierto y llegó hasta el monte de Dios, que se llama Horeb. Allí el ángel del Señor se le apareció en una llama de fuego, en medio de una zarza. Moisés se fijó bien y se dio cuenta de que la zarza ardía con el fuego, pero no se consumía. Entonces pensó: "¡Qué cosa tan extraña! Voy a ver por qué no se consume la zarza."

Cuando el Señor vio que Moisés se acercaba a mirar, lo llamó desde la zarza:

—¡Moisés! ¡Moisés!

—Aquí estoy —contestó Moisés.

Entonces Dios le dijo:

—No te acerques. Y descálzate, porque el lugar donde estás es sagrado.

Y añadió:

—Yo soy el Dios de tus antepasados. Soy el Dios de Abraham, de Isaac y de Jacob.

Moisés se cubrió la cara, pues tuvo miedo de mirar a Dios, pero el Señor siguió diciendo:

—Claramente he visto cómo sufre mi pueblo que está en Egipto. Los he oído quejarse por culpa de sus capataces, y sé muy bien lo que sufren. Por eso he bajado, para salvarlos del poder de los egipcios; voy a sacarlos de ese país y a llevarlos a una tierra grande y buena. Por lo tanto, ponte en camino, que te voy a enviar ante el faraón para que saques de Egipto a mi pueblo, a los israelitas.

Entonces Moisés le dijo a Dios:

—¿Y quién soy yo para presentarme ante el faraón y sacar de Egipto a los israelitas?

Y Dios le contestó:

—Yo estaré contigo, y esta es la señal de que yo mismo te envío: cuando hayas sacado de Egipto a mi pueblo, todos ustedes me adorarán en este monte.

Pero Moisés le respondió:

—El problema es que si yo voy y les digo a los israelitas: 'El Dios de sus antepasados me ha enviado a ustedes,' ellos me van a preguntar: '¿Cómo se llama?' Y entonces, ¿qué les voy a decir?

Y Dios le contestó:

—YO SOY EL QUE SOY. Y dirás a los israelitas: 'YO SOY me ha enviado a ustedes.'

Además, Dios le dijo a Moisés:

—Di también a los israelitas: 'El Señor, el Dios de los antepasados de ustedes, el Dios de Abraham, de Isaac y de Jacob, me ha enviado a ustedes.'

—Ellos no me creerán, ni tampoco me harán caso —contestó Moisés—. Al contrario, me dirán: 'El Señor no se te ha aparecido.'

—¿Qué es lo que tienes en la mano? —preguntó el Señor.

—Un bastón —contestó Moisés.

—Arrójalo al suelo —ordenó el Señor.

Moisés lo arrojó al suelo y, en ese mismo instante, el bastón se convirtió en una serpiente. Moisés echó a correr para alejarse de ella, pero el Señor le dijo:

—Extiende la mano y agárrala de la cola.

Moisés extendió la mano y, al agarrarla, la serpiente se convirtió otra vez en bastón.

—Esto es para que crean que se te ha aparecido el Señor, Dios de tus antepasados, Dios de Abraham, de Isaac y de Jacob.

Moisés y Aarón hablan con el rey de Egipto

Éxodo 4.19–20,27a; 5.1–2

Cuando Moisés estaba aún en la región de Madián, el Señor le dijo:

—Regresa a Egipto, porque ya han muerto todos los que querían matarte.

Moisés tomó entonces a su esposa y a su hijo, los montó en un asno y regresó a Egipto. En la mano llevaba el bastón de Dios.

Mientras tanto, el Señor le había dicho a Aarón: "Ve al desierto a encontrarte con Moisés." Y Aarón fue y encontró a Moisés en el monte de Dios.

Después de esto, Moisés y Aarón fueron a decirle al faraón:

—Así ha dicho el Señor, el Dios de Israel: 'Deja ir a mi pueblo al desierto, para que haga allí una fiesta en mi honor.'

Pero el faraón contestó:

—¿Y quién es 'el Señor', para que yo le obedezca y deje ir a los israelitas? Ni conozco al Señor, ni tampoco voy a dejar ir a los israelitas.

Dios promete liberar
a su pueblo

Éxodo 5.22—6.1; 6.11–12; 7.1–2,4–5,10–13

Entonces Moisés dijo al Señor en oración:

—Señor, ¿por qué tratas mal a este pueblo? ¿Para qué me enviaste? Desde que vine a hablar con el faraón en tu nombre, él ha maltratado aún más a tu pueblo, y tú no has hecho nada para salvarlo.

Y el Señor le contestó:

—Ahora verás lo que voy a hacer con el faraón, porque solo por la fuerza los dejará salir de su país; es más, él mismo les dirá que se vayan.

—Ve a decirle al faraón que deje salir de Egipto a los israelitas.

Pero Moisés le contestó al Señor:

—Ni siquiera los israelitas me hacen caso; ¿y cómo me va a hacer caso el faraón, si yo soy tan torpe para hablar?

Entonces el Señor le dijo a Moisés:

—Mira, voy a permitir que actúes en mi lugar ante el faraón, y que tu hermano Aarón hable por ti. Tú le dirás a Aarón todo lo que yo te ordene; luego él hablará con el faraón para que deje salir de su país a los israelitas. El faraón no les va a hacer caso a ustedes, pero yo descargaré mi poder sobre Egipto, y con grandes actos de justicia sacaré de allí a mis ejércitos, es decir, a mi pueblo, los israelitas. Y cuando haya mostrado mi poder sobre Egipto, y haya sacado de allí a los israelitas, los egipcios sabrán que yo soy el Señor.

Moisés y Aarón fueron a ver al faraón, e hicieron lo que el Señor había ordenado: Aarón arrojó su bastón al suelo delante del faraón y de sus funcionarios, y el bastón se convirtió en una serpiente. El faraón, por su parte, mandó llamar a sus sabios y magos, los cuales con sus artes mágicas hicieron también lo mismo: cada uno de ellos arrojó su bastón al suelo, y cada bastón se convirtió en una serpiente. Pero el bastón de Aarón se comió los bastones de los sabios y magos. A pesar de eso, el faraón se puso terco y no les hizo caso, tal como el Señor lo había dicho.

Egipto es castigado

Éxodo 7.14–17,20b,23; 8.1–2,6b,8,12,15; 10.27–29

Después el Señor le dijo a Moisés:

—El faraón se ha puesto terco y no quiere dejar salir a los israelitas. Pero mañana temprano irás a verlo, cuando él baje al río. Espéralo en la orilla, y lleva contigo el bastón que se convirtió en serpiente. Allí le dirás: 'El Señor, el Dios de los hebreos, me ha enviado a decirte: Deja ir a mi pueblo, para que me adore en el desierto. Pero hasta ahora no has hecho caso. Por lo tanto, el Señor ha dicho: Ahora vas a saber que yo soy el Señor. Cuando yo golpee el agua del río con este bastón que tengo en la mano, el agua se convertirá en sangre.'

Aarón levantó su bastón y golpeó el agua del río a la vista del faraón y de sus funcionarios, y toda el agua se convirtió en sangre. El faraón regresó a su palacio sin darle importancia a este asunto.

[Nuevamente] el Señor le dijo a Moisés:

—Ve a ver al faraón, y dile: 'Así dice el Señor: Deja ir a mi pueblo, para que me adore. Porque si tú no lo dejas ir, yo castigaré con ranas a todo tu país.'

Y todo el país se llenó de las ranas que salieron [del agua].

Entonces el faraón mandó llamar a Moisés y Aarón, y les dijo:

—Pídanle al Señor que nos quite las ranas a mí y a mi gente, y dejaré que tu gente vaya a ofrecer sacrificios al Señor.

Moisés y Aarón salieron del palacio del faraón. Después Moisés pidió al Señor que alejara las ranas que había enviado sobre el faraón. Sin embargo, en cuanto el faraón se vio libre de su problema, se puso terco y no les hizo caso a Moisés y Aarón, tal como el Señor lo había dicho.

[Después de eso, el Señor mandó siete castigos más sobre Egipto: los mosquitos, los tábanos, la muerte de los animales, las llagas, el granizo, la langosta y la oscuridad por tres días.] Pero el Señor hizo que el faraón se pusiera terco y que no los dejara ir. Además el faraón le dijo a Moisés:

—Vete de aquí, y cuídate bien de no venir a verme otra vez, porque el día que vuelvas a presentarte ante mí, morirás.

Y Moisés contestó:

—Bien dicho. No volveré a verte.

Moisés anuncia el último castigo

Éxodo 11.1,4–10

El Señor le dijo a Moisés:

—Todavía voy a traer otra plaga sobre el faraón y los egipcios. Después de esto, el faraón no solo va a dejar que ustedes salgan, sino que él mismo los va a echar de aquí.

Moisés dijo al faraón:

—Así ha dicho el Señor: 'A la medianoche pasaré por todo Egipto, y morirá el hijo mayor de cada familia egipcia, desde el hijo mayor del faraón que ocupa el trono, hasta el hijo mayor de la esclava que trabaja en el molino. También morirán todas las primeras crías de los animales. En todo Egipto habrá gritos de dolor, como nunca los ha habido ni los volverá a haber.' Y para que sepan ustedes que el Señor hace diferencia entre egipcios e israelitas, ni siquiera le ladrarán los perros a ningún hombre o animal de los israelitas. Entonces vendrán a verme todos estos funcionarios tuyos, y de rodillas me pedirán: 'Váyanse, tú y toda la gente que te sigue.' Antes de eso, no me iré.

Y muy enojado, Moisés salió de la presencia del faraón. Después, el Señor le dijo a Moisés:

—El faraón no les va a hacer caso a ustedes, y así serán más las maravillas que yo haré en Egipto.

Moisés y Aarón hicieron todas estas maravillas delante del faraón, pero como el Señor lo había hecho ponerse terco, el faraón no dejó salir de Egipto a los israelitas.

La Pascua

Éxodo 12.1,3,5–8,10–13,29–31,37–38,40

El Señor habló en Egipto con Moisés y Aarón, y les dijo:

"Díganle a toda la comunidad israelita lo siguiente: 'El día diez de este mes, cada uno de ustedes tomará un cordero o un cabrito por familia, uno por cada casa. El animal deberá ser de un año, macho y sin defecto, y podrá ser un cordero o un cabrito. Lo guardarán hasta el catorce de este mes, y ese día todos y cada uno en Israel lo matarán al atardecer. Tomarán luego la sangre del animal y la untarán por todo el marco de la puerta de la casa donde coman el animal. Esa noche comerán la carne asada al fuego, con hierbas amargas

y pan sin levadura, y no deben dejar nada para el día siguiente. Si algo se queda, deberán quemarlo. Ya vestidos y calzados, y con el bastón en la mano, coman de prisa el animal, porque es la Pascua del Señor. Esa noche yo pasaré por todo Egipto, y heriré de muerte al hijo mayor de cada familia egipcia y a las primeras crías de sus animales, y dictaré sentencia contra todos los dioses de Egipto. Yo, el Señor, lo he dicho.

'La sangre les servirá para que ustedes señalen las casas donde se encuentren. Y así, cuando yo hiera de muerte a los egipcios, ninguno de ustedes morirá, pues veré la sangre y pasaré de largo.' "

A medianoche el Señor hirió de muerte al hijo mayor de cada familia egipcia, lo mismo al hijo mayor del faraón que ocupaba el trono, que al hijo mayor del que estaba preso en la cárcel, y también a las primeras crías de los animales. El faraón, sus funcionarios, y todos los egipcios, se levantaron esa noche, y hubo grandes gritos de dolor en todo Egipto. No había una sola casa donde no hubiera algún muerto. Esa misma noche el faraón mandó llamar a Moisés y Aarón, y les dijo:

—Váyanse, apártense de mi gente, ustedes y los israelitas. Vayan a adorar al Señor, tal como dijeron.

Los israelitas salieron de Ramsés a Sucot. Sin contar mujeres y niños, eran como seiscientos mil hombres de a pie, en edad militar. Con ellos se fue muchísima gente de toda clase, además de muchas ovejas y vacas.

Los israelitas habían vivido en Egipto cuatrocientos treinta años.

La columna de nube y la columna de fuego

Éxodo 13.17–18,21–22; 14.5–14

Cuando el faraón dejó salir al pueblo israelita, Dios no los llevó por el camino que va al país de los filisteos, que era el más directo, pues pensó que los israelitas no querrían pelear cuando tuvieran que hacerlo, y que preferirían regresar a Egipto. Por eso les hizo dar un rodeo por el camino del desierto que lleva al Mar Rojo.

Los israelitas salieron de Egipto formados como un ejército.

De día, el Señor los acompañaba en una columna de nube, para señalarles el camino; y de noche, en una columna de fuego, para alumbrarlos. Así pudieron viajar día y noche. La columna de nube siempre iba delante de ellos durante el día, y la columna de fuego durante la noche.

Mientras tanto, el rey de Egipto recibió aviso de que los israelitas se habían escapado. Entonces el rey y sus funcionarios cambiaron de parecer en cuanto a ellos, y se dijeron: "¿Pero cómo pudimos permitir que los israelitas se fueran y dejaran de trabajar para nosotros?"

En seguida el faraón ordenó que prepararan su carro de combate, y se llevó a su ejército. Tomó seiscientos de los mejores carros, además de todos los carros de Egipto, que llevaban cada uno un oficial. El Señor hizo que el faraón se pusiera terco y persiguiera a los israelitas, aun cuando ellos habían salido ya con gran poder.

Los egipcios con todo su ejército, con carros y caballería, salieron a perseguir a los israelitas, y los alcanzaron a la orilla del mar, junto a Pi–hahirot y frente a Baal–sefón, donde estaban acampados. Cuando los israelitas se dieron cuenta de que el faraón y los egipcios se acercaban, tuvieron mucho miedo y pidieron ayuda al Señor. Y a Moisés le dijeron:

—¿Acaso no había sepulcros en Egipto, que nos sacaste de allá para hacernos morir en el desierto? ¿Por qué nos has hecho esto? ¿Por qué nos sacaste de Egipto? Esto es precisamente lo que te decíamos en Egipto: 'Déjanos trabajar para los egipcios. ¡Más nos vale ser esclavos de ellos que morir en el desierto!'

Pero Moisés les contestó:

—No tengan miedo. Manténganse firmes y fíjense en lo que el Señor va a hacer hoy para salvarlos, porque nunca más volverán a ver a los egipcios que hoy ven. Ustedes no se preocupen, que el Señor va a pelear por ustedes.

Los israelitas atraviesan el Mar Rojo

Éxodo 14.15–23,26–31

Entonces el Señor le dijo a Moisés:

—¿Por qué me pides ayuda? ¡Ordena a los israelitas que sigan adelante! Y tú, levanta tu bastón, extiende tu brazo y parte el mar en dos, para que los israelitas lo crucen en seco. Yo voy a hacer que los egipcios se pongan tercos y los persigan; entonces mostraré mi poder en el faraón y en todo su ejército, y en sus carros y caballería. Cuando haya mostrado mi poder en el faraón, y en sus carros y caballería, los egipcios sabrán que yo soy el Señor.

En ese momento el ángel de Dios y la columna de nube, que marchaban al frente de los israelitas, cambiaron de lugar y se pusieron detrás de ellos. Así la columna de nube quedó entre el ejército egipcio y los israelitas; para los egipcios era una nube oscura, pero a los israelitas los alumbraba. Por eso los egipcios no pudieron alcanzar a los israelitas en toda la noche.

Moisés extendió su brazo sobre el mar, y el Señor envió un fuerte viento del este que sopló durante toda la noche y partió el mar en dos. Así el Señor convirtió el mar en tierra seca, y por tierra seca lo cruzaron los israelitas, entre dos murallas de agua, una a la derecha y otra a la izquierda.

Toda la caballería y los carros del faraón entraron detrás de ellos, y los persiguieron hasta la mitad del mar.

Pero el Señor le dijo a Moisés:

—Extiende tu brazo sobre el mar, para que el agua regrese y caiga sobre los egipcios, y sobre sus carros y caballería.

Moisés extendió su brazo sobre el mar y, al amanecer, el agua volvió a su cauce normal. Cuando los egipcios trataron de huir, se toparon

con el mar, y así el Señor los hundió en él. Al volver el agua a su cauce normal, cubrió los carros y la caballería, y todo el ejército que había entrado en el mar para perseguir a los israelitas. Ni un solo soldado del faraón quedó vivo. Sin embargo, los israelitas cruzaron el mar por tierra seca, entre dos murallas de agua, una a la derecha y otra a la izquierda.

En aquel día el Señor salvó a los israelitas del poder de los egipcios, y los israelitas vieron los cadáveres de los egipcios a la orilla del mar. Al ver los israelitas el gran poder que el Señor había desplegado contra Egipto, mostraron reverencia ante el Señor y tuvieron confianza en él y en su siervo Moisés.

Las aguas amargas

Exodo 15.1–3,20–25a,27
Moisés y los israelitas entonaron este canto en honor del Señor:

"Cantaré en honor del Señor,
 que tuvo un triunfo maravilloso
 al hundir en el mar
  caballos y jinetes.
Mi canto es al Señor,
 quien es mi fuerza y salvación.
El es mi Dios, y he de alabarlo;
es el Dios de mi padre,
 y he de enaltecerlo.
El Señor es un gran guerrero.
El Señor, ¡ese es su nombre!

Entonces la profetisa María, hermana de Aarón, tomó una pandereta, y todas las mujeres la siguieron, bailando y tocando panderetas, mientras ella les cantaba:

"Canten en honor al Señor,
 que tuvo un triunfo maravilloso
 al hundir en el mar
  caballos y jinetes."

Moisés hizo que los israelitas se alejaran del Mar Rojo. Ellos se fueron al desierto de Sur, y durante tres días caminaron por él, sin encontrar agua. Cuando llegaron a Mará, no pudieron beber el agua que allí había, porque era amarga. Por eso llamaron Mará a ese lugar.

La gente empezó a hablar mal de Moisés, y preguntaban: "¿Qué vamos a beber?" Moisés pidió ayuda al Señor, y él le mostró un arbusto. Moisés echó el arbusto al agua, y el agua se volvió dulce.

Después llegaron a Elim, donde había doce manantiales de agua y setenta palmeras, y allí acamparon junto al agua.

El maná y las codornices

Éxodo 16.1–3,11–15,31

Toda la comunidad israelita salió de Elim y llegó al desierto de Sin, que está entre Elim y Sinaí. Era el día quince del mes segundo después de su salida de Egipto. Allí, en el desierto, todos ellos comenzaron a murmurar contra Moisés y Aarón. Y les decían:

—¡Ojalá el Señor nos hubiera hecho morir en Egipto! Allá nos sentábamos junto a las ollas de carne y comíamos hasta llenarnos, pero ustedes nos han traído al desierto para matarnos de hambre a todos.

Y el Señor se dirigió a Moisés y le dijo:

—He oído murmurar a los israelitas. Habla con ellos y diles: 'Al atardecer, ustedes comerán carne, y por la mañana comerán pan hasta quedar satisfechos. Así sabrán que yo soy el Señor su Dios.'

Aquella misma tarde vinieron codornices, las cuales llenaron el campamento, y por la mañana había una capa de rocío alrededor del campamento. Después que el rocío se hubo evaporado, algo muy fino, parecido a la escarcha, quedó sobre la superficie del desierto. Como los israelitas no sabían lo que era, al verlo se decían unos a otros: "¿Y esto qué es?" Y Moisés les dijo:

—Este es el pan que el Señor les da como alimento.

Los israelitas llamaron maná a lo que recogían. Era blanco, como semilla de cilantro, y dulce como hojuelas con miel.

Los israelitas llegan al Sinaí

Éxodo 19.1b,2b–8,16–18a

Al tercer mes de haber salido de Egipto, llegaron al desierto del Sinaí y acamparon allí mismo, frente al monte. Allí Moisés subió a encontrarse con Dios, pues el Señor lo llamó desde el monte y le dijo:

—Anúnciales estas mismas palabras a los descendientes de Jacob, a los israelitas: 'Ustedes han visto lo que yo hice con los egipcios, y cómo los he traído a ustedes a donde yo estoy, como si vinieran sobre las alas de un águila. Así que, si ustedes me obedecen en todo y cumplen mi alianza, serán mi pueblo preferido entre todos los pueblos, pues toda la tierra me pertenece. Ustedes me serán un reino de sacerdotes, un pueblo consagrado a mí.' Diles todo esto a los israelitas.

Moisés fue y llamó a los ancianos del pueblo, y les expuso todo lo que el Señor le había ordenado. Entonces los israelitas contestaron a una voz:

—Haremos todo lo que el Señor ha ordenado.

Moisés llevó entonces al Señor la respuesta del pueblo.

Al amanecer del tercer día hubo relámpagos y truenos, y una espesa nube se posó sobre el monte. Un fuerte sonido de trompetas hizo que todos en el campamento temblaran de miedo. Entonces Moisés llevó al pueblo fuera del campamento para encontrarse con Dios, y se detuvieron al pie del monte. Todo el monte Sinaí echaba humo debido a que el Señor había bajado a él en medio de fuego.

Los diez mandamientos

Éxodo 19.20–21a; 20.2–4,7–8,12–17; 31.18

El Señor bajó a la parte más alta del monte Sinaí, y le pidió a Moisés que subiera a ese mismo lugar. Moisés subió, y el Señor le dijo:

"Yo soy el Señor tu Dios, que te sacó de Egipto, donde eras esclavo.

"No tengas otros dioses aparte de mí.

"No te hagas ningún ídolo ni figura de lo que hay arriba en el cielo, ni de lo que hay abajo en la tierra, ni de lo que hay en el mar debajo de la tierra.

"No hagas mal uso del nombre del Señor tu Dios, pues él no dejará sin castigo al que use mal su nombre.

"Acuérdate del sábado, para consagrarlo al Señor.

"Honra a tu padre y a tu madre, para que vivas una larga vida en la tierra que te da el Señor tu Dios.

"No mates.

"No cometas adulterio.

"No robes.

"No digas mentiras en perjuicio de tu prójimo.

"No codicies la casa de tu prójimo: no codicies su mujer, ni su esclavo, ni su esclava, ni su buey, ni su asno, ni nada que le pertenezca."

Cuando el Señor dejó de hablar con Moisés en el monte Sinaí, le entregó dos tablas de piedra con la ley escrita por el dedo mismo de Dios.

El becerro de oro

Éxodo 32.1–4,6b,7,9–11a,12b–13a,14–15, 19–20

Al ver los israelitas que Moisés tardaba en bajar del monte, se juntaron alrededor de Aarón y le dijeron:

—Anda, haznos dioses que nos guíen, porque no sabemos qué le ha pasado a este Moisés que nos sacó de Egipto.

Y Aarón les contestó:

—Quítenles a sus mujeres, hijos e hijas, los aretes de oro que llevan en las orejas, y tráiganmelos aquí.

Todos se quitaron los aretes de oro que llevaban en las orejas, y se los llevaron a Aarón, quien los recibió, y fundió el oro, y con un cincel lo trabajó hasta darle la forma de un becerro. Entonces todos dijeron:

—¡Israel, este es tu dios, que te sacó de Egipto!

Después el pueblo se sentó a comer y beber, y luego se levantaron a divertirse. Entonces el Señor le dijo a Moisés:

—Anda, baja, porque tu pueblo, el que sacaste de Egipto, se ha echado a perder.

Además, el Señor le dijo a Moisés:

—Me he fijado en esta gente, y me he dado cuenta de que son muy tercos. ¡Ahora déjame en paz, que estoy ardiendo de enojo y voy a acabar con ellos! Pero de ti voy a hacer una gran nación.

Moisés, sin embargo, trató de calmar al Señor su Dios con estas palabras:

—Deja ya de arder de enojo; renuncia a la idea de hacer daño a tu pueblo. Acuérdate de tus siervos Abraham, Isaac e Israel, a quienes juraste por ti mismo y les dijiste: 'Haré que los descendientes de ustedes sean tan numerosos como las estrellas del cielo.'

El Señor renunció a la idea que había expresado de hacer daño a su pueblo. Entonces Moisés se dispuso a bajar del monte, trayendo en sus manos las dos tablas de la ley, las cuales estaban escritas por los dos lados.

En cuanto Moisés se acercó al campamento y vio el becerro y los bailes, ardió de enojo y arrojó de sus manos las tablas, haciéndolas pedazos al pie del monte; en seguida agarró el becerro y lo arrojó al fuego, luego lo molió hasta hacerlo polvo, y el polvo lo roció sobre el agua; entonces hizo que los israelitas bebieran de aquella agua.

Las nuevas tablas de la ley

Éxodo 32.31–32a,33–34a; 34.1–2,4,6–8

Y así Moisés volvió a donde estaba el Señor, y le dijo:

—Realmente el pueblo cometió un gran pecado al hacerse un dios de oro. Yo te ruego que los perdones; pero si no los perdonas, ¡borra mi nombre del libro que has escrito!

Pero el Señor le contestó:

—Solo borraré de mi libro al que peque contra mí. Así que, anda, lleva al pueblo al lugar que te dije.

El Señor le dijo a Moisés:

—Corta tú mismo dos tablas de piedra iguales a las primeras, para que yo escriba en ellas las mismas palabras que estaban escritas en las primeras tablas, las que hiciste pedazos. Prepárate también para subir al monte Sinaí mañana por la mañana, y preséntate ante mí en la parte más alta del monte.

Moisés cortó dos tablas de piedra iguales a las primeras. Al día siguiente, muy temprano, tomó las dos tablas de piedra y subió al monte Sinaí, tal como el Señor se lo había ordenado. [Entonces el Señor] pasó delante de Moisés, diciendo en voz alta:

—¡El Señor! ¡El Señor! ¡Dios tierno y compasivo, paciente y grande en amor y verdad! Por mil generaciones se mantiene fiel en su amor y perdona la maldad, la rebeldía y el pecado; pero no deja sin castigo al culpable, sino que castiga la maldad de los padres en los hijos y en los nietos, en los bisnietos y en los tataranietos.

Rápidamente Moisés se inclinó hasta tocar el suelo con la frente, y adoró al Señor.

Los exploradores

Números 13.1–3a,17–20a,25–28,30–32a

[Los israelitas viajaron muchos meses por el desierto. Un día] el Señor se dirigió a Moisés y le dijo:

"Envía unos hombres a que exploren la tierra de Canaán, que yo voy a dar a los israelitas. Envía de cada tribu a uno que sea hombre de autoridad."

Tal como el Señor se lo ordenó, Moisés los envió desde el desierto de Parán.

Moisés, pues, los envió a explorar la tierra de Canaán, y les dijo:

—Vayan por el Négueb y suban a la región montañosa. Fíjense en cómo es el país, y en si la gente que vive en él es fuerte o débil, y en si son pocos o muchos. Vean si sus ciudades están hechas de tiendas de campaña o si son fortificadas, y si la tierra en que viven es buena o mala, fértil o estéril, y si tiene árboles o no. No tengan miedo; traigan algunos frutos de la región.

Después de explorar la tierra durante cuarenta días, regresaron a Cadés, en el desierto de Parán. Allí estaban Moisés, Aarón y todos los israelitas. Y les contaron lo que habían averiguado y les mostraron los frutos del país. Le dijeron a Moisés:

—Fuimos a la tierra a la que nos enviaste. Realmente es una tierra donde la leche y la miel corren como el agua, y estos son los frutos que produce. Pero la gente que vive allí es fuerte, y las ciudades son muy grandes y fortificadas. Además de eso, vimos allá descendientes del gigante Anac.

Entonces Caleb hizo callar al pueblo que estaba ante Moisés, y dijo:

—¡Pues vamos a conquistar esa tierra! ¡Nosotros podemos conquistarla!

Pero los que habían ido con él respondieron:

—¡No, no podemos atacar a esa gente! Ellos son más fuertes que nosotros.

Y se pusieron a decir a los israelitas que el país que habían ido a explorar era muy malo.

El pueblo se rebela

Números 14.1–10a

Entonces los israelitas comenzaron a gritar, y aquella noche se la pasaron llorando. Todos ellos se pusieron a hablar mal de Moisés y de Aarón. Decían: "¡Ojalá hubiéramos muerto en Egipto, o aquí en el desierto! ¿Para qué nos trajo el Señor a este país? ¿Para morir en la guerra, y que nuestras mujeres y nuestros hijos caigan en poder del enemigo? ¡Más nos valdría regresar a Egipto!" Y empezaron a decirse unos a otros: "¡Pongamos a uno de jefe y volvamos a Egipto!"

Moisés y Aarón se inclinaron hasta tocar el suelo con la frente delante de todo el pueblo, y Josué y Caleb, que habían estado explorando el país, se rasgaron la ropa en señal de dolor y dijeron a todos los israelitas:

—¡La tierra que fuimos a explorar es excelente! Si el Señor nos favorece, nos ayudará a entrar a esa tierra y nos la dará. Es un país donde la leche y la miel corren como el agua. Pero no se rebelen contra el Señor, ni le tengan miedo a la gente de ese país, porque ellos van a ser pan comido para nosotros; a ellos no hay quien los proteja, mientras que nosotros tenemos de nuestra parte al Señor. ¡No tengan miedo!

A pesar de esto, la gente quería apedrearlos.

Dios castiga al pueblo

Números 14.26–35

El Señor se dirigió a Moisés y Aarón, y les dijo:

—¿Hasta cuándo voy a tener que soportar las habladurías de estos malvados israelitas? Ya les he oído hablar mal de mí. Pues ve a decirles de mi parte: 'Yo, el Señor, juro por mi vida que voy a hacer que les suceda a ustedes lo mismo que les he oído decir. Todos los mayores de veinte años que fueron registrados en el censo y que han hablado mal de mí, morirán, y sus cadáveres quedarán tirados en este desierto. Con la excepción de Caleb y de Josué, ninguno de ustedes entrará en la tierra donde solemnemente les prometí que los iba a establecer. En cambio, a sus hijos, de quienes ustedes decían que iban a caer en poder de sus enemigos, los llevaré al país que ustedes han despreciado, para que ellos lo disfruten. Los cadáveres de ustedes quedarán tirados en este desierto, en el que sus hijos vivirán como pastores durante cuarenta años. De este modo ellos pagarán por la infidelidad de ustedes, hasta que todos ustedes mueran aquí en el desierto. Ustedes estuvieron cuarenta días explorando el país; pues también estarán cuarenta años pagando su castigo: un año por cada día. Así sabrán lo que es ponerse en contra de mí.' Yo, el Señor, lo afirmo: Así voy a tratar a este pueblo perverso que se ha unido contra mí. En este desierto encontrarán su fin; aquí morirán.

La vida o la muerte

Deuteronomio 30.15–19; 31.1–3,6

[Cuando los israelitas estaban listos para atravesar el río Jordán y entrar en la tierra de Canaán, Moisés habló al pueblo:] "Miren, hoy les doy a elegir entre la vida y el bien, por un lado, y la muerte y el mal, por el otro. Si obedecen lo que hoy les ordeno, y aman al Señor su Dios, y siguen sus caminos, y cumplen sus mandamientos, leyes y decretos, vivirán y tendrán muchos hijos, y el Señor su Dios los bendecirá en el país que van a ocupar. Pero si no hacen caso de todo esto, sino que se dejan arrastrar por otros dioses para rendirles culto y arrodillarse ante ellos, en este mismo momento les advierto que morirán sin falta, y que no estarán mucho tiempo en el país que van a conquistar después de haber cruzado el Jordán. En este día pongo al cielo y a la tierra por testigos contra ustedes, de que les he dado a elegir entre la vida y la muerte, y entre la bendición y la maldición. Escojan, pues, la vida, para que vivan ustedes y sus descendientes."

Moisés habló de nuevo a todo Israel, y dijo lo siguiente:

"Yo tengo ciento veinte años, y ya no tengo fuerzas para andar de un lado para otro. Además, el Señor me ha dicho que no cruzaré el Jordán. Pero el Señor su Dios marchará delante de ustedes, y al paso de ustedes destruirá estas naciones, para que ocupen su territorio. Josué irá al frente de ustedes, como jefe, tal como lo ha dicho el Señor. Tengan valor y

firmeza; no tengan miedo ni se asusten cuando se enfrenten con ellas, porque el Señor su Dios está con ustedes y no los dejará ni los abandonará.''

La muerte de Moisés

Deuteronomio 34.1a, 4–8, 10

Moisés subió del desierto de Moab al monte Nebo, a la cumbre del monte Pisgá, que está frente a Jericó. Desde allí el Señor le hizo contemplar toda la región de Galaad. Y el Señor le dijo:

"Este es el país que yo juré a Abraham, Isaac y Jacob que daría a sus descendientes. He querido que lo veas con tus propios ojos, aunque no vas a entrar en él.''

Y así Moisés, el siervo de Dios, murió en la tierra de Moab, tal como el Señor lo había dicho, y fue enterrado en un valle de la región de Moab, frente a Bet–peor, en un lugar que hasta la fecha nadie conoce. Murió a los ciento veinte años de edad, habiendo conservado hasta su muerte buena vista y buena salud.

Los israelitas lloraron a Moisés durante treinta días en el desierto de Moab, cumpliendo así los días de llanto y luto por su muerte.

Sin embargo, nunca más hubo en Israel otro profeta como Moisés, con quien el Señor hablara cara a cara.

Josué manda espías a Jericó

Josué 1.1–2,5,7–9; 2.1

Después que murió Moisés, el siervo del Señor, habló el Señor con Josué, hijo de Nun y ayudante de Moisés, y le dijo:

"Como mi siervo Moisés ha muerto, ahora eres tú quien debe cruzar el río Jordán con todo el pueblo de Israel, para ir a la tierra que voy a darles a ustedes. Nadie te podrá derrotar en toda tu vida, y yo estaré contigo así como estuve con Moisés, sin dejarte ni abandonarte jamás. Lo único que te pido es que tengas mucho valor y firmeza, y que cumplas toda la ley que mi siervo Moisés te dio. Cúmplela al pie de la letra para que te vaya bien en todo lo que hagas. Repite siempre lo que dice el libro de la ley de Dios, y medita en él de día y de noche, para que hagas siempre lo que este ordena. Así todo lo que hagas te saldrá bien. Yo soy quien te manda que tengas valor y firmeza. No tengas miedo ni te desanimes porque yo, tu Señor y Dios, estaré contigo dondequiera que vayas."

Desde Sitim, Josué mandó en secreto a dos espías, y les dijo: "Vayan a explorar la región y la ciudad de Jericó."

Ellos fueron, y llegaron a la casa de una prostituta de Jericó que se llamaba Rahab, en donde se quedaron a pasar la noche.

Rahab y los espías

Josué 2.2–12a,14

Pero alguien dio aviso al rey de Jericó, diciéndole:

—Unos israelitas han venido esta noche a explorar la región.

Entonces el rey mandó a decir a Rahab:

—Saca a los hombres que vinieron a verte y que están en tu casa, porque son espías.

Pero ella los escondió y dijo:

—Es verdad que unos hombres me visitaron, pero yo no supe de dónde eran. Se fueron al caer la noche, porque a esa hora se cierra la

89

puerta de la ciudad, y no sé a dónde se fueron. Pero si ustedes salen en seguida a perseguirlos, los podrán alcanzar.

En realidad, ella los había hecho subir a la azotea, y estaban allí escondidos, entre unos manojos de lino puestos a secar.

Los hombres del rey los persiguieron en dirección del río Jordán, hasta los vados. Tan pronto como los soldados salieron, fue cerrada la puerta de la ciudad. Entonces, antes que los espías se durmieran, Rahab subió a la azotea y les dijo:

—Yo sé que el Señor les ha dado esta tierra a ustedes, porque él ha hecho que nosotros les tengamos mucho miedo. Todos los que viven aquí están muertos de miedo por causa de ustedes. Sabemos que cuando ustedes salieron de Egipto, Dios secó el agua del Mar Rojo para que ustedes lo pasaran. También sabemos que ustedes aniquilaron por completo a Sihón y a Og, los dos reyes de los amorreos que estaban al otro lado del río Jordán. Es tanto el miedo que nos ha dado al saberlo, que nadie se atreve a enfrentarse con ustedes. Porque el Señor, el Dios de ustedes, es Dios lo mismo arriba en el cielo que abajo en la tierra. Por eso yo les pido que me juren aquí mismo, por el Señor, que van a tratar bien a mi familia, de la misma manera que yo los he tratado bien a ustedes.

Ellos le contestaron:

—Con nuestra propia vida respondemos de la vida de ustedes, con tal de que tú no digas nada de este asunto. Cuando el Señor nos haya dado esta tierra, nosotros te trataremos bien y con lealtad.

La soga roja en la ventana

Josué 2.15–21

Como Rahab vivía en una casa construida sobre la muralla misma de la ciudad, con una soga los hizo bajar por la ventana. Y les dijo:

—Váyanse a la montaña, para que no los encuentren los que andan buscándolos. Escóndanse allí durante tres días, hasta que ellos vuelvan a la ciudad. Después podrán ustedes seguir su camino.

Y ellos le contestaron:

—Nosotros cumpliremos el juramento que nos has pedido hacerte. Pero cuando entremos en el país, tú deberás colgar esta soga roja de la ventana por la que nos has hecho bajar. Reúne entonces en tu casa a tu padre, tu madre, tus hermanos y toda la familia de tu padre. Si alguno de ellos sale de tu casa, será responsable de su propia muerte; la culpa no será nuestra. Pero si alguien toca a quien esté en tu casa contigo, nosotros seremos los responsables. Y si tú dices algo de este asunto, nosotros ya no estaremos obligados a cumplir el juramento que te hemos hecho.

—Estamos de acuerdo —contestó ella.

Entonces los despidió, y ellos se fueron. Después ella ató la soga roja a su ventana.

A las puertas de la tierra prometida

Josué 2.22–24; 3.1,5

Los dos espías se fueron a las montañas y se escondieron allí durante tres días, mientras los soldados los buscaban por todas partes sin encontrarlos, hasta que por fin volvieron a Jericó. Entonces los espías bajaron de las montañas, cruzaron el río y regresaron a donde estaba Josué, a quien contaron todo lo que les había pasado. Le dijeron: "El Señor ha puesto toda la región en nuestras manos. Por causa nuestra, todos los que viven en el país están muertos de miedo."

Al día siguiente, muy temprano, Josué y todos los israelitas salieron de Sitim y llegaron al río Jordán; pero antes de cruzarlo acamparon allí.

Y Josué les dijo: "Purifíquense, porque mañana verán al Señor hacer milagros."

Los israelitas cruzan el río Jordán

Josué 3.14–16a,16c–17; 4.11,18

Los israelitas salieron de sus tiendas de campaña para cruzar el río, y delante de ellos iban los sacerdotes que llevaban el arca de la alianza. Pero en cuanto los sacerdotes entraron en el río y sus pies se mojaron con el agua de la orilla (durante el tiempo de la cosecha el Jordán se desborda) el agua que venía de arriba dejó de correr y se detuvo como formando un embalse. Y el agua que bajaba hacia el Mar Muerto siguió corriendo hasta que se terminó. Así se dividió el agua del río, y los israelitas lo cruzaron frente a la ciudad de Jericó. Todo el pueblo cruzó en seco el Jordán, mientras los sacerdotes que llevaban el arca de la alianza del Señor permanecían en medio del Jordán, firmes y en terreno seco.

Y luego que todos estuvieron al otro lado, pasaron los sacerdotes con el arca del Señor, y se pusieron a la cabeza de todo el pueblo.

Tan pronto como los sacerdotes salieron del Jordán y pusieron los pies en un lugar seco, el agua del río volvió a su lugar y corrió desbordada como antes.

La conquista de Jericó

Josué 6.1–7,11,14–16,20,22–24a

Nadie podía entrar ni salir de Jericó, pues se habían cerrado las puertas de la ciudad para defenderla de los israelitas. Pero el Señor le dijo a Josué: "Yo te he entregado Jericó, con su rey y sus soldados. Ustedes, soldados israelitas, den una vuelta diaria alrededor de la ciudad durante seis días. Siete sacerdotes irán delante del arca de la alianza, cada uno con una trompeta de cuerno de carnero, y el séptimo día darán siete vueltas a la ciudad, mientras los sacerdotes tocan las trompetas. Cuando ustedes oigan que las trompetas dan un toque especial, griten con todas sus fuerzas, y la muralla de la ciudad se vendrá abajo. Entonces cada uno deberá avanzar directamente contra la ciudad."

Josué llamó a los sacerdotes y les dijo: "Lleven el arca de la alianza del Señor, y siete de ustedes vayan delante del arca, con trompetas de cuerno de carnero." Y al pueblo le dijo: "Vayan y denle la vuelta a la ciudad. Los hombres de combate, que vayan delante del arca del Señor."

Josué hizo que el arca del Señor diera una vuelta alrededor de la ciudad. Después volvieron al campamento, y allí pasaron la noche. Al segundo día le dieron otra

vuelta a la ciudad y volvieron al campamento. Y durante seis días hicieron lo mismo.

Al séptimo día se levantaron de madrugada y marcharon alrededor de la ciudad, como lo habían hecho antes, pero ese día le dieron siete vueltas. Cuando los sacerdotes tocaron las trompetas por séptima vez, Josué ordenó a la gente: "¡Griten! El Señor les ha entregado la ciudad."

La gente gritó y las trompetas sonaron. Al oir los israelitas el sonido de las trompetas, comenzaron a gritar a voz en cuello, y la muralla de la ciudad se vino abajo. Entonces avanzaron directamente contra la ciudad, y la tomaron.

Josué les dijo a los dos espías que habían explorado la tierra: "Vayan a casa de la prostituta y sáquenla de allí con todos los suyos, tal como ustedes se lo prometieron." Ellos entraron y sacaron a Rahab, a su padre, a su madre, a sus hermanos y a todos sus parientes, y los llevaron a un lugar seguro fuera del campamento de Israel. Luego los israelitas quemaron la ciudad y todo lo que había en ella.

Débora y Barac

Jueces 2.8,10,13–14a,16–17a; 4.2–4, 6–9a,12–16

Murió Josué, a la edad de ciento diez años. Murieron también todos los israelitas de la época de Josué. Y así, los que nacieron despúes no sabían nada del Señor ni de sus hechos en favor de Israel. Dejaron

96

al Señor por adorar a Baal y a las diferentes representaciones de Astarté, y por eso el Señor se enojó contra Israel e hizo que los ladrones los despojaran de lo que tenían, y que sus enemigos de los alrededores los derrotaran.

También hizo surgir caudillos que los libraran de quienes los despojaban. Pero los israelitas no hicieron caso a estos caudillos, sino que fueron infieles al Señor y adoraron a otros dioses.

Así que el Señor los entregó al poder de Jabín, un rey cananeo que gobernaba en la ciudad de Hasor. El jefe de su ejército se llamaba Sísara, y vivía en Haróset–goím. Jabín tenía novecientos carros de hierro, y durante veinte años había oprimido cruelmente a los israelitas, hasta que por fin estos le suplicaron al Señor que los ayudara.

En aquel tiempo juzgaba a Israel una profetisa llamada Débora, esposa de Lapidot.

Un día, Débora mandó llamar a un hombre llamado Barac, hijo de Abinóam, que vivía en Quedes, un pueblo de la tribu de Neftalí, y le dijo:

—El Señor, el Dios de Israel, te ordena lo siguiente: 'Ve al monte Tabor, y reúne allí a diez mil hombres de las tribus de Neftalí y Zabulón. Yo voy a hacer que Sísara, jefe del ejército de Jabín, venga al arroyo de Quisón para atacarte con sus carros y su ejército. Pero yo voy a entregarlos en tus manos.'

—Solo iré si tú vienes conmigo —contestó Barac—. Pero si tú no vienes, yo no iré.

—Pues iré contigo —respondió Débora—. Solo que la gloria de esta campaña que vas a emprender no será para ti, porque el Señor entregará a Sísara en manos de una mujer.

Cuando Sísara supo que Barac había subido al monte Tabor, reunió sus novecientos carros de hierro y a todos sus soldados, y marchó con ellos desde Haróset–goím hasta el arroyo de Quisón. Entonces Débora le dijo a Barac:

—¡Adelante, que ahora es cuando el Señor va a entregar en tus manos a Sísara! ¡Ya el Señor va al frente de tus soldados!

Barac bajó del monte Tabor con sus diez mil soldados, y el Señor sembró el pánico entre los carros y los soldados de Sísara en el momento de enfrentarse con la espada de Barac; hasta el mismo Sísara se bajó de su carro y huyó a pie. Mientras tanto, Barac persiguió a los soldados y los carros hasta Haróset–goím. Aquel día no quedó con vida ni un solo soldado del ejército de Sísara: todos murieron.

La muerte de Sísara

Jueces 4.17–22

Como Jabín, el rey de Hasor, estaba en paz con la familia de Héber el quenita, Sísara llegó a pie, en su huida, hasta la tienda de Jael, la esposa de Héber, la cual salió a recibirlo y le dijo:

—Por aquí, mi señor, por aquí; no tenga usted miedo.

Sísara entró, y Jael lo escondió tapándolo con una manta; entonces Sísara le pidió agua, pues tenía mucha sed. Jael destapó el cuero donde guardaba la leche y le dio de beber; después volvió a taparlo. Sísara le dijo:

—Quédate a la entrada de la tienda, y si alguien viene y te pregunta si hay alguien aquí dentro, dile que no.

Pero Sísara estaba tan cansado que se quedó profundamente dormido. Entonces Jael tomó un martillo y una estaca de las que usaban para sujetar la tienda de campaña, y acercándose sin hacer ruido hasta donde estaba Sísara, le clavó la estaca en la sien contra la tierra. Así murió Sísara. Y cuando Barac llegó en busca de Sísara, Jael salió a recibirlo y le dijo:

—Ven, que te voy a mostrar al que andas buscando.

Barac entró en la tienda y encontró a Sísara tendido en el suelo, ya muerto y con la estaca clavada en la cabeza.

Gedeón

Jueces 6.1–2,6,11b–13a,14,25–27a,28–31, 33–35

Pero los hechos de los israelitas fueron malos a los ojos del Señor, y durante siete años el Señor los entregó al poder de los madianitas. Como los madianitas oprimían cada vez más a los israelitas, estos, por temor a los madianitas, se hicieron escondites en los cerros, en las cuevas y en lugares difíciles de alcanzar. Por causa de los madianitas, los israelitas pasaban por muchas miserias, y finalmente le pidieron ayuda al Señor.

[Un día] Gedeón, el hijo de Joás, estaba limpiando el trigo a escondidas, en el lugar donde se pisaba la uva para hacer vino, para que los madianitas no lo vieran. El

99

ángel del Señor se le apareció y le dijo:

—¡El Señor está contigo, hombre fuerte y valiente!

Y Gedeón contestó:

—Perdón, señor, pero si el Señor está con nosotros, ¿por qué nos pasa todo esto?

El Señor lo miró, y le dijo:

—Usa la fuerza que tienes, para ir a salvar a Israel del poder de los madianitas. Yo soy el que te envía.

Aquella misma noche el Señor le dijo a Gedeón:

—Toma un toro del ganado de tu padre, el segundo toro, el de siete años, y echa abajo el altar de Baal que tiene tu padre. Echa abajo también el árbol sagrado que está junto al altar de Baal, y en lo alto de esa fortaleza construye un altar al Señor tu Dios. Toma luego el toro, el segundo, y ofrécemelo como

holocausto, usando para ello la leña del árbol sagrado que habrás echado abajo.

Entonces Gedeón tomó a diez de sus sirvientes e hizo todo lo que el Señor le había mandado. A la mañana siguiente, cuando la gente de la ciudad se levantó, se encontró con que el altar de Baal había sido echado abajo, lo mismo que el árbol sagrado que estaba junto al altar, y que además un toro había sido ofrecido en holocausto sobre el nuevo altar. Unos a otros se preguntaban: "¿Quién habrá hecho esto?"

Cuando, después de mucho buscar y preguntar, supieron que lo había hecho Gedeón, el hijo de Joás, fueron y le dijeron a Joás:

—Saca a tu hijo, que lo vamos a matar. ¡Ha echado abajo el altar de Baal y el árbol sagrado que estaba junto al altar!

Pero Joás respondió a quienes le rodeaban:

—¿Van ustedes a defender a Baal, y a pelear en su favor? ¡Pues que muera antes del amanecer cualquiera que defienda a Baal! Si Baal es Dios, déjenlo que se defienda solo, puesto que era suyo el altar derribado.

Entonces todos los madianitas y los amalecitas y la gente del oriente, se juntaron y cruzaron el río Jordán, y acamparon en el valle de Jezreel. Pero el espíritu del Señor se adueñó de Gedeón, y este tocó un cuerno de carnero para que se le unieran los del clan de Abiézer; además mandó mensajeros para que llamaran a toda la tribu de Manasés a que se le uniera. También envió mensajeros a llamar a las tribus de Aser, Zabulón y Neftalí, que también salieron a reunirse con él.

Solo trescientos hombres

Jueces 7.1a,1c,2–8a

Gedeón y todos los que estaban con él, se levantaron de madrugada y fueron a acampar junto al manantial de Harod. El campamento de los madianitas les quedaba entonces al norte, en el valle que está al pie del monte de Moré.

El Señor le dijo a Gedeón: "Traes tanta gente contigo que si hago que los israelitas derroten a los madianitas, van a alardear ante mí creyendo que se han salvado ellos mismos. Por eso, dile a la gente que cualquiera que tenga miedo puede irse a su casa."

De este modo Gedeón los puso a prueba, y se fueron veintidós mil hombres, quedándose diez mil. Pero el Señor insistió: "Son muchos todavía. Llévalos a tomar agua, y allí yo los pondré a prueba y te diré quiénes irán contigo y quiénes no."

Gedeón llevó entonces a la gente a tomar agua, y el Señor le dijo: "Aparta a los que beban agua en sus manos, lamiéndola como perros, de aquellos que se arrodillen para beber."

Los que bebieron agua llevándosela de las manos a la boca y lamiéndola como perros fueron trescientos. Todos los demás se arrodillaron para beber. Entonces el Señor le dijo a Gedeón: "Con estos trescientos hombres voy a salvarlos a ustedes, y derrotaré a los madianitas. Todos los demás pueden irse."

Gedeón mandó entonces que todos los demás regresaran a sus tiendas.

Gedeón derrota a los madianitas

Jueces 7.9–10a,11a,13–22a,23; 8.28

Aquella noche el Señor le ordenó a Gedeón: "Levántate y baja a atacar a los madianitas, pues los voy a entregar en tus manos. Pero si tienes miedo de atacarlos, baja antes al campamento y escucha lo que digan. Después te sentirás con más ánimo para atacarlos."

Al acercarse Gedeón al campamento enemigo, oyó que un soldado le contaba a otro un sueño que había tenido. Le decía:

—Soñé que un pan de cebada venía rodando hasta nuestro campamento, y que al chocar contra una tienda la hacía caer.

Y su compañero le contestó:

—Eso no es otra cosa que la espada de Gedeón, hijo de Joás, el israelita. Dios va a entregar en manos de Gedeón a los madianitas y a todo su campamento.

Al oir cómo se había contado e interpretado el sueño, Gedeón adoró al Señor. Después volvió al campamento israelita y ordenó:

—¡Arriba, que el Señor va a entregarnos el campamento madianita!

En seguida dividió sus trescientos hombres en tres grupos, y les dio cuernos de carnero a todos y unos cántaros vacíos que llevaban dentro antorchas encendidas. Y les dijo:

—Cuando llegue yo al otro lado del campamento enemigo, fíjense en mí y hagan lo mismo que me vean hacer. Cuando yo y los que van conmigo toquemos el cuerno, tóquenlo ustedes también alrededor de todo el campamento, y griten: '¡Por el Señor y por Gedeón!'

Así pues, Gedeón y sus cien hombres llegaron al otro lado del campamento cuando estaba por comenzar el turno de guardia de medianoche. Entonces tocaron los cuernos de carnero y rompieron los cántaros que llevaban en las manos, y los tres grupos tocaron al mismo tiempo los cuernos de carnero y rompieron los cántaros. En la mano izquierda llevaban las antorchas encendidas, y los cuernos de carnero en la derecha, y gritaban: "¡Guerra! ¡Por el Señor y por Gedeón!" Y cómo los israelitas se quedaron quietos en sus puestos alrededor del campamento, y todos en el ejército madianita gritaban y salían huyendo mientras los trescientos israelitas seguían tocando los cuernos de carnero, el Señor hizo que los madianitas lucharan entre sí, y que salieran huyendo hasta Bet–sitá, camino de Sererá.

Entonces se llamó a los israelitas de las tribus de Neftalí, de Aser y de todo Manasés, para que persiguieran a los madianitas.

Así fue como los madianitas quedaron sometidos a Israel, y nunca más volvieron a levantar cabeza. Durante cuarenta años, mientras Gedeón vivió, hubo paz en la región.

Sansón

Jueces 13.1–5,24; 14.5–6a

Pero los israelitas volvieron a hacer lo malo a los ojos del Señor, y el Señor los entregó al poder de los filisteos durante cuarenta años.

En Sorá, de la tribu de Dan, había un hombre que se llamaba Manoa. Su mujer nunca había tenido hijos, porque era estéril. Pero el ángel del Señor se le apareció a ella y le dijo: "Tú nunca has podido tener hijos, pero ahora vas a quedar embarazada y tendrás un niño. Pero no tomes vino ni ninguna otra bebida fuerte, ni comas nada impuro, pues vas a tener un hijo al que no se le deberá cortar el cabello, porque ese niño estará consagrado a Dios como nazareo desde antes de nacer, para que sea él quien comience a librar a los israelitas del poder de los filisteos.''

A su tiempo, la mujer tuvo un hijo, y le puso por nombre Sansón. El niño crecía, y el Señor lo bendecía.

[Un día] Sansón y sus padres fueron a Timná. Cuando Sansón llegó a los viñedos de la ciudad, un león joven lo atacó rugiendo. Entonces el espíritu del Señor se apoderó de Sansón, que a mano limpia hizo pedazos al león, como si fuera un cabrito.

El casamiento de Sansón

Jueces 14.1–3a,3c,8–9a,10–20

Sansón bajó un día al pueblo de Timná y se fijó en una mujer filistea, y cuando regresó a casa se lo contó a sus padres. Les dijo:

—Por favor, quiero que hagan todos los arreglos para casarme con una mujer filistea que vi en Timná.

Pero sus padres le dijeron:

—¿Acaso ya no hay mujeres entre nuestros parientes, o entre todos los israelitas?

Sansón respondió:

—Esa muchacha es la que me gusta, y es la que quiero que me consigan como esposa.

Unos días después, cuando Sansón volvió para casarse con la muchacha, se apartó del camino para ir a ver el león muerto, y se

encontró con que en el cuerpo del león había un enjambre de abejas y un panal de miel. Raspó el panal con las manos para sacar la miel, y se la fue comiendo.

El padre de Sansón fue a ver a la muchacha; y Sansón dio allí una fiesta, según se acostumbraba entre los jóvenes. Pero como los filisteos le tenían miedo, llevaron treinta amigos para que estuvieran con él. A estos treinta, Sansón les dijo:

—Les voy a decir una adivinanza. Si en los siete días que va a durar la fiesta me dan la respuesta correcta, yo le daré a cada uno de ustedes una capa de lino fino y una muda de ropa de fiesta. Pero si no dan con la respuesta, cada uno de ustedes me tendrá que dar a mí una capa de lino fino y una muda de ropa de fiesta.

Y ellos le contestaron:

—Dinos, pues, tu adivinanza. Somos todo oídos.

Sansón recitó su adivinanza:

"Del que comía salió comida;
del que era fuerte
    salió dulzura."

Tres días después, ellos no habían logrado resolver la adivinanza; así que al cuarto día le dijeron a la mujer de Sansón:

—Procura que tu marido nos dé la solución de su adivinanza, pues de lo contrario te quemaremos a ti y a la familia de tu padre. ¡Parece que ustedes nos invitaron solo para quitarnos lo que es nuestro!

Entonces ella fue a ver a Sansón, y llorando le dijo:

—¡Tú no me quieres! ¡Tú me odias! Les has propuesto una adivinanza a mis paisanos, pero a mí no me has dado a conocer la respuesta.

Y Sansón le contestó:

—Si ni a mi padre ni a mi madre se lo he dicho, mucho menos te lo voy a decir a ti.

Pero ella siguió llorando junto a él los siete días que duró la fiesta, y tanto le insistió que, por fin, al séptimo día le dio la respuesta. Entonces ella fue y se la dio a conocer a sus paisanos. Al séptimo

día, antes de que el sol se pusiera, los filisteos fueron a decirle a Sansón:

"Nada hay más dulce
    que la miel,
ni nada más fuerte que el león."

Sansón les respondió:

"[Solo porque hablaron con mi
    mujer] pudieron dar con la
    respuesta."

En seguida el espíritu del Señor se apoderó de Sansón; entonces Sansón fue a Ascalón y mató a treinta hombres de aquel lugar, y con la ropa que les quitó pagó la apuesta a los que habían resuelto la adivinanza. Después volvió furioso a casa de su padre, y su mujer fue dada a uno de los amigos de Sansón.

Sansón y Dalila

Jueces 16.4–10,16–21

Después Sansón se enamoró de una mujer llamada Dalila, que vivía en el valle de Sorec. Los jefes de los filisteos fueron a ver a Dalila, y le dijeron:

107

—Engaña a Sansón y averigua de dónde le vienen sus fuerzas extraordinarias, y cómo podríamos vencerlo; así podremos atarlo y tenerlo sujeto. A cambio de tus servicios, cada uno de nosotros te dará mil cien monedas de plata.

Entonces ella le dijo a Sansón:

—Por favor, dime de dónde te vienen tus fuerzas tan extraordinarias. ¿Hay algún modo de atarte sin que te puedas soltar?

Y Sansón le respondió:

—Si me atan con siete cuerdas de arco que todavía no estén secas, perderé mi fuerza y seré un hombre común y corriente.

Los jefes de los filisteos le llevaron a Dalila siete cuerdas de arco nuevas, y con ellas Dalila ató a Sansón. Y como ya antes había escondido a unos hombres en su cuarto, gritó:

—¡Sansón, te atacan los filisteos!

Entonces Sansón rompió las cuerdas, como si fueran un cordón quemado. Y los filisteos no pudieron averiguar de dónde le venía su fuerza. Dalila le dijo:

—¡Me engañaste! ¡Me has estado

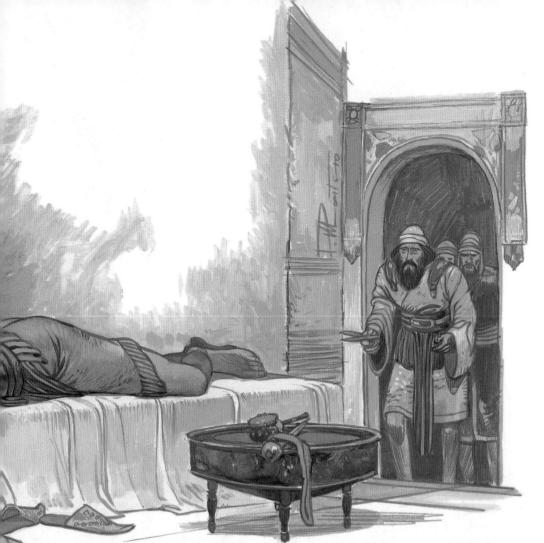

mintiendo! Pero ahora sí, por favor, dime qué hay que hacer para atarte.

Como era tanta la insistencia de Dalila, que a todas horas le hacía la misma pregunta, Sansón estaba tan fastidiado que tenía ganas de morirse; así que finalmente le contó a Dalila su secreto:

—Nadie me ha cortado jamás el cabello, porque desde antes de nacer estoy consagrado a Dios como nazareo. Si me llegaran a cortar el cabello, perdería mi fuerza y sería tan débil como un hombre común y corriente.

Cuando Dalila se dio cuenta de que esta vez sí le había descubierto su secreto, mandó a decir a los jefes filisteos:

—¡Ahora sí, vengan, que Sansón me ha descubierto su secreto!

Entonces ellos fueron a verla con el dinero en la mano.

Dalila hizo que Sansón se durmiera con la cabeza recostada en sus piernas, y llamó a un hombre para que le cortara las siete trenzas de su cabellera. Luego ella comenzó a maltratarlo, y le gritó:

—¡Sansón, te atacan los filisteos!

Sansón se despertó, creyendo que se libraría como las otras veces, pero no sabía que el Señor lo había abandonado. Entonces los filisteos lo agarraron y le sacaron los ojos, y se lo llevaron a Gaza, en donde lo sujetaron con cadenas de bronce y lo pusieron a trabajar en el molino de la cárcel.

Muerte de Sansón

Jueces 16.23–30,31b

Los jefes de los filisteos se reunieron para celebrar su triunfo y ofrecer sacrificios a su dios Dagón. Y cantaban:

"Nuestro dios ha puesto
  en nuestras manos
a Sansón, nuestro enemigo."

Y cuando la gente lo vio, también cantó y alabó a su dios, diciendo:

"Nuestro dios ha puesto
  en nuestras manos
a Sansón, nuestro enemigo,
que destruía nuestros campos
y mataba a muchos
  de los nuestros."

Tan contentos estaban, que pidieron que les llevaran a Sansón para divertirse con él. Lo sacaron, pues, de la cárcel, y se divirtieron a costa de él, y lo pusieron de pie entre dos columnas. Entonces Sansón le dijo al muchacho que lo llevaba de la mano:

—Ponme donde yo pueda tocar las columnas que sostienen el templo. Quiero apoyarme en ellas.

Todos los jefes de los filisteos se hallaban en el templo, que estaba lleno de hombres y mujeres. Había, además, como tres mil personas en la parte de arriba, mirando cómo los otros se divertían con Sansón. Entonces Sansón clamó al Señor, y le dijo: "Te ruego, Señor, que te acuerdes de mí tan solo una vez más, y que me des fuerzas para cobrarles a los filisteos mis dos ojos de una vez por todas." Luego buscó con las manos las dos columnas centrales, sobre las que descansaba todo el templo, y apoyando sus dos manos contra ellas, gritó: "¡Mueran conmigo los filisteos!"

Entonces empujó con toda su fuerza, y el templo se derrumbó sobre los jefes de los filisteos y sobre todos los que estaban allí. Fueron más los que mató Sansón al morir, que los que había matado en toda su vida.

Durante veinte años Sansón había sido caudillo de los israelitas.

Noemí, Orfá y Rut

Rut 1.1–2a,3–11,14–16,18–19a

En el tiempo en que Israel era gobernado por caudillos, hubo una época de hambre en toda la región. Entonces un hombre de Belén de Judá, llamado Elimélec, se fue a vivir por algún tiempo al país de Moab. Con él fueron también su esposa Noemí y sus dos hijos, Mahlón y Quilión.

Pero sucedió que murió Elimélec, el marido de Noemí, y ella se quedó sola con sus dos hijos. Más tarde, ellos se casaron con dos mujeres moabitas; una de ellas se llamaba Orfá y la otra Rut. Pero al cabo de unos diez años murieron también Mahlón y Quilión, y Noemí se encontró desamparada, sin hijos y sin marido.

Un día Noemí oyó decir en Moab que el Señor se había compadecido de su pueblo y que había puesto fin a la época de hambre. Entonces decidió volver a Judá y, acompañada de sus nueras, salió del lugar donde vivían; pero en el camino les dijo:

—Anden, vuelvan a su casa, con su madre. Que el Señor las trate siempre con bondad, como también ustedes nos trataron a mí y a mis hijos, y que les permita casarse otra vez y formar un hogar feliz.

Luego Noemí les dio un beso de despedida, pero ellas se echaron a llorar y le dijeron:

—¡No! ¡Nosotras volveremos contigo a tu país!

Noemí insistió:

—Váyanse, hijas mías, ¿para qué quieren seguir conmigo? Yo ya no voy a tener más hijos que puedan casarse con ustedes.

Ellas se pusieron a llorar nuevamente. Por fin, Orfá se despidió de su suegra con un beso, pero Rut se quedó con ella. Entonces Noemí le dijo:

—Mira, tu concuñada se vuelve a su país y a sus dioses. Vete tú con ella.

Pero Rut le contestó:

—¡No me pidas que te deje y que me separe de ti! Iré a donde tú vayas, y viviré donde tú vivas. Tu pueblo será mi pueblo, y tu Dios será mi Dios.

Al ver Noemí que Rut estaba decidida a acompañarla, no le

insistió más, y así las dos siguieron su camino hasta que llegaron a Belén.

Rut va a recoger espigas

Rut 2.2–6,8–12,17–18a,19–21

Un día Rut le dijo a Noemí:

—Déjame que vaya al campo, a ver si algún segador me permite ir detrás de él recogiendo espigas.

—Ve, hija mía —le respondió su suegra.

Rut, pues, fue al campo y se puso a recoger las espigas que dejaban los segadores. Y tuvo la suerte de que aquel campo fuera de Booz, el pariente de Elimélec. En eso, Booz

113

veas que los segadores están trabajando. Ya he dado órdenes a mis criados para que nadie te moleste. Cuando tengas sed, ve a donde están las vasijas del agua y toma de la que ellos sacan.

Rut se inclinó hasta el suelo en señal de respeto, y le preguntó a Booz:

—¿Por qué se ha fijado usted en mí y es tan amable conmigo, siendo yo una extranjera?

Booz respondió:

—Sé muy bien todo lo que has hecho por tu suegra desde que murió tu marido, y también sé que dejaste a tus padres y a tu patria por venir a vivir con nosotros, que éramos gente desconocida para ti. ¡Que Dios te lo pague! ¡Que el Señor y Dios de Israel, en quien has buscado amparo, te premie por todo lo que has hecho!

Rut recogió espigas en el campo de Booz hasta que llegó la noche. Y lo recogido por ella dio, al desgranarlo, más de veinte kilos de cebada. Regresó entonces a la ciudad cargada con el grano, y fue a mostrárselo a su suegra.

—¿Dónde trabajaste hoy? —le preguntó Noemí—. ¿Dónde recogiste tantas espigas? ¡Bendito sea el que te ha ayudado de esa manera!

Rut le contó a su suegra con quién había estado trabajando.

—El hombre con quien he trabajado se llama Booz —le dijo.

Y Noemí le contestó:

—¡Que el Señor lo bendiga! Él ha sido bondadoso con nosotras ahora, como antes lo fue con los que ya han

llegó de Belén y saludó a los segadores:

—¡Que el Señor esté con ustedes!

—¡Que el Señor le bendiga a usted! —le respondieron ellos.

Luego Booz le preguntó al capataz de los segadores:

—¿De qué familia es esa muchacha?

El capataz le contestó:

—Es una moabita, que vino de Moab con Noemí.

Entonces Booz le dijo a Rut:

—Escucha, hija mía, no vayas a recoger espigas a ningún otro campo. Quédate aquí, con mis criadas, y luego síguelas a donde

muerto. Ese hombre es pariente cercano de nosotras, y por eso es uno de los que tienen el deber de protegernos.

Rut añadió:

—También me dijo que siga yo trabajando con sus criadas hasta que se termine la cosecha.

Rut, bisabuela del rey David

Rut 2.23; 3.1–2a,3–6,8–11; 4.13b–17

Rut siguió, pues, recogiendo espigas con las criadas de Booz hasta que se terminó la cosecha de la cebada y el trigo. Mientras tanto, vivía en compañía de su suegra.

Un día Noemí le dijo a Rut:

—Hija mía, yo debo buscarte un esposo que te haga feliz. Mira, nuestro pariente Booz, con cuyas criadas estuviste trabajando, va a ir esta noche al campo. Haz, pues, lo siguiente: Báñate, perfúmate y ponte tu mejor vestido, y vete allá. Pero no dejes que Booz te reconozca antes que termine de comer y beber. Fíjate bien en dónde se acuesta a dormir. Entonces ve y destápale los pies, y acuéstate allí. Luego, él mismo te dirá lo que debes hacer.

Rut contestó:

—Haré todo lo que me has dicho.

Rut se fue al campo e hizo todo lo que su suegra le había mandado. A

medianoche, Booz se despertó de pronto, y al darse una vuelta se sorprendió de que una mujer estuviera acostada a sus pies.

—¿Quién eres tú? —preguntó Booz.

—Soy Rut, su servidora —contestó ella—. Usted es mi pariente más cercano y tiene el deber de ampararme. Quiero que se case usted conmigo.

—¡Que el Señor te bendiga! —dijo Booz—. Ahora más que nunca has mostrado que eres fiel a tu difunto esposo. Bien podrías haber buscado a otro más joven que yo, pobre o rico, pero no lo has hecho. No tengas miedo, hija mía, que todos en mi pueblo saben ya que eres una mujer ejemplar. Por eso, yo haré lo que me pidas.

Booz se casó con Rut. Y se unió a ella, y el Señor permitió que quedara embarazada y que tuviera un hijo.

Entonces las mujeres decían a Noemí:

—¡Alabado sea el Señor, que te ha dado hoy un nieto para que cuide de ti! ¡Ojalá tu nieto sea famoso en Israel! Él te dará ánimos y te sostendrá en tu vejez, porque es el hijo de tu nuera, la que tanto te quiere y que vale para ti más que siete hijos.

Noemí tomó al niño en su regazo y se encargó de criarlo. Al verlo, las vecinas decían:

—¡Le ha nacido un hijo a Noemí!

Y le pusieron por nombre Obed. Este fue el padre de Jesé y abuelo de David.

Ana y Elcaná

1 Samuel 1.1a,2–5

En un lugar de los montes de Efraín, llamado Ramá, vivía un hombre de la familia de Suf, cuyo nombre era Elcaná. Elcaná tenía dos esposas. Una se llamaba Ana, y la otra Peniná. Peniná tenía hijos, pero Ana no los tenía. Todos los años salía Elcaná de su pueblo para rendir culto y ofrecer sacrificios en Siló al Señor todopoderoso. Allí había dos hijos del sacerdote Elí, llamados Hofní y Finees, que también eran sacerdotes del Señor.

Cuando Elcaná ofrecía el sacrificio, daba su ración correspondiente a Peniná y a todos los hijos e hijas de ella, pero a Ana le daba una ración especial, porque la amaba mucho, a pesar de que el Señor le había impedido tener hijos.

Peniná se burla de Ana

1 Samuel 1.6–8

Por esto Peniná, que era su rival, la molestaba y se burlaba de ella, humillándola porque el Señor la había hecho estéril.

Cada año, cuando iban al templo del Señor, Peniná la molestaba de este modo; por eso Ana lloraba y no comía. Entonces le decía Elcaná, su marido: "Ana, ¿por qué lloras? ¿Por qué estás triste y no comes? ¿Acaso no soy para ti mejor que diez hijos?"

Ana le pide a Dios un hijo

1 Samuel 1.9–19a

En cierta ocasión, estando en Siló, Ana se levantó después de la comida. El sacerdote Elí estaba sentado en un sillón, cerca de la puerta de entrada del templo del Señor. Y Ana, llorando y con el alma llena de amargura, se puso a orar al Señor y le hizo esta promesa: "Señor todopoderoso: Si te dignas contemplar la aflicción de esta sierva tuya, y te acuerdas de mí y me concedes un hijo, yo lo dedicaré toda su vida a tu servicio, y en señal de esa dedicación no se le cortará el pelo."

118

119

Como Ana estuvo orando largo rato ante el Señor, Elí se fijó en su boca; pero ella oraba mentalmente. No se escuchaba su voz; solo se movían sus labios. Elí creyó entonces que estaba borracha, y le dijo:

—¿Hasta cuándo vas a estar borracha? ¡Deja ya el vino!

—No es eso, señor —contestó Ana—. No es que haya bebido vino ni ninguna bebida fuerte, sino que me siento angustiada y estoy desahogando mi pena delante del Señor. No piense usted que soy una mala mujer, sino que he estado orando todo este tiempo porque estoy preocupada y afligida.

—Vete en paz — le contestó Elí—, y que el Dios de Israel te conceda lo que le has pedido.

—Muchísimas gracias —contestó ella.

Luego Ana regresó por donde había venido, y fue a comer, y nunca más volvió a estar triste. A la mañana siguiente madrugaron y, después de adorar al Señor, regresaron a su casa en Ramá.

El nacimiento de Samuel

1 Samuel 1.20–23

[El Señor escuchó la oración de Ana.] Así quedó embarazada, y cuando se cumplió el tiempo dio a luz un hijo y le puso por nombre Samuel, porque se lo había pedido al Señor.

Luego fue Elcaná con toda su familia a Siló, para cumplir su promesa y ofrecer el sacrificio anual; pero Ana no fue, porque le dijo a su marido:

—No iré hasta que destete al niño. Entonces lo llevaré para dedicárselo al Señor y que se quede allá para siempre.

Elcaná, su marido, le respondió:

—Haz lo que mejor te parezca. Quédate hasta que lo hayas destetado. Y que el Señor cumpla su promesa.

Así ella se quedó y crió a su hijo hasta que lo destetó.

Ana dedica Samuel al Señor

1 Samuel 1.24–28

Cuando le quitó el pecho, y siendo todavía él un niño pequeño, [Ana] lo llevó consigo al templo del Señor en Siló. También llevó tres becerros, veintidós litros de trigo y un cuero de vino. Entonces sacrificaron un becerro y presentaron el niño a Elí. Y Ana le dijo:

—Perdone usted, señor, pero tan cierto como que usted vive es que yo soy aquella mujer que estuvo orando al Señor aquí, cerca de usted. Le pedí al Señor que me diera este hijo, y él me lo concedió. Yo, por mi parte, lo he dedicado al Señor, y mientras viva estará dedicado a él.

Entonces Elí se inclinó hasta tocar el suelo con la frente, delante del Señor.

Samuel en Siló

1 Samuel 2.18b–21

[El joven Samuel continuó] al servicio del Señor. Y cada año, cuando su madre iba al templo con su marido para ofrecer el sacrificio anual, le llevaba una capa pequeña que le había hecho. Entonces Elí bendecía a Elcaná y a su esposa, diciendo: "Que el Señor te recompense dándote hijos de esta mujer, a cambio del que ella le ha dedicado." Después de esto regresaban a su hogar, y el Señor bendecía a Ana, la cual quedaba embarazada. De esa manera, Ana dio a luz tres hijos y dos hijas, y el niño Samuel seguía creciendo ante el Señor.

El Señor llama a Samuel

1 Samuel 3.2–18

Un día Elí, que había comenzado a
quedarse ciego y no podía ver bien,
estaba durmiendo en su habitación.
Samuel estaba acostado en el templo
del Señor, donde se encontraba el
arca de Dios. La lámpara del
santuario seguía encendida.
Entonces el Señor lo llamó:

—¡Samuel!

—¡Aquí estoy! —contestó él.

Luego corrió adonde estaba Elí, y
le dijo:

—Aquí me tiene usted; ¿para qué
me quería?

—Yo no te he llamado —contestó
Elí—. Vuelve a acostarte.

Entonces Samuel fue y se acostó.
Pero el Señor llamó otra vez:

—¡Samuel!

Y Samuel se levantó y fue junto a
Elí, diciendo:

—Aquí me tiene usted; ¿para qué
me quería?

—Yo no te he llamado, hijo mío
—respondió Elí—. Vuelve a
acostarte.

Samuel no conocía al Señor
todavía, pues él aún no le había
manifestado nada. Pero por tercera
vez llamó el Señor a Samuel, y este
se levantó y fue a decirle a Elí:

—Aquí me tiene usted; ¿para qué
me quería?

Elí, comprendiendo entonces que
era el Señor quien llamaba al joven,
dijo a este:

—Ve a acostarte; y si el Señor te
llama, respóndele: 'Habla, que tu
siervo escucha.'

Entonces Samuel se fue y se

acostó en su sitio. Después llegó el
Señor, se detuvo y lo llamó igual
que antes:

—¡Samuel! ¡Samuel!

—Habla, que tu siervo escucha
—contestó Samuel.

Y el Señor le dijo:

—Voy a hacer algo en Israel que
hasta los oídos le dolerán a todo el
que lo oiga. Ese día, sin falta,
cumpliré a Elí todo lo que le he

dicho respecto a su familia. Le he anunciado que voy a castigar a los suyos para siempre, por la maldad que él ya sabe; pues sus hijos me han maldecido y él no los ha reprendido. Por tanto, he jurado contra la familia de Elí que su maldad no se borrará jamás, ni con sacrificios ni con ofrendas.

Después de esto, Samuel se acostó hasta la mañana siguiente, y entonces abrió las puertas del templo del Señor. Samuel tenía miedo de contarle a Elí la visión que había tenido, pero Elí lo llamó y le dijo:

—¡Samuel, hijo mío!

—Aquí estoy —respondió él.

Y Elí le preguntó:

—¿Qué es lo que te ha dicho el Señor? Te ruego que no me ocultes nada. ¡Que Dios te castigue duramente si me ocultas algo de todo lo que él te ha dicho!

Samuel le declaró todo el asunto, sin ocultarle nada, y Elí exclamó:

—¡Él es el Señor! ¡Hágase lo que a él le parezca mejor!

Saúl se encuentra con Samuel

1 Samuel 8.1,4–7; 9.1a,2,3,5b–6,10–12a,18–20

Al hacerse viejo, Samuel nombró caudillos de Israel a sus hijos. Entonces se reunieron todos los ancianos de Israel y fueron a entrevistarse con Samuel en Ramá, para decirle: "Tú ya eres un anciano, y tus hijos no se portan como tú; por lo tanto, nombra un rey

que nos gobierne, como es costumbre en todas las naciones."

Samuel, disgustado porque le pedían que nombrara un rey para que los gobernara, se dirigió en oración al Señor; pero el Señor le respondió: "Atiende cualquier petición que el pueblo te haga, pues no es a ti a quien rechazan, sino a mí, para que yo no reine sobre ellos."

En la tribu de Benjamín había un hombre llamado Quis, tenía un hijo, joven y bien parecido, que se llamaba Saúl. No había otro israelita tan bien parecido como él, pues en estatura ninguno le pasaba del hombro.

Un día, a Quis se le perdieron sus asnas. Entonces le dijo a su hijo Saúl:

—Prepárate y ve a buscar las asnas. Llévate a uno de los criados.

[Como no encontraban las asnas] dijo Saúl al criado que lo acompañaba:

—Vamos a regresar, pues mi padre debe de estar ya más preocupado por nosotros que por las asnas.

El criado le contestó:

—En esta ciudad hay un profeta a quien todos respetan, porque todo lo que anuncia sucede sin falta. Vamos allá, y quizá él nos indique el camino que debemos seguir.

—De acuerdo —dijo Saúl—. Vamos allá.

Los dos se dirigieron a la ciudad donde vivía el profeta, y cuando iban subiendo la cuesta, en dirección a la ciudad, se encontraron con unas muchachas que iban a sacar agua y les preguntaron:

—¿Es aquí dónde podemos encontrar al vidente?

Ellas les respondieron:

—Sí, pero se encuentra más adelante.

Estando ya en la entrada del pueblo, Saúl se acercó a Samuel y le dijo:

—Por favor, indíqueme usted dónde está la casa del vidente.

—Yo soy el vidente —respondió Samuel—. Sube delante de mí al santuario, y come hoy conmigo allí. Mañana temprano te contestaré todo lo que me quieras preguntar, y luego te dejaré marchar. En cuanto a las asnas que se te perdieron hace tres días, no te preocupes por ellas porque ya las han encontrado. Además, todo lo más deseable de Israel será para ti y para tu familia.

Samuel unge a Saúl

1 Samuel 9.24c—10.1b

Saúl comió con Samuel aquel día. Y cuando bajaron del santuario a la ciudad, prepararon una cama en la azotea para Saúl, y Saúl se acostó. Al día siguiente, Samuel llamó a Saúl en la azotea y le dijo:

—Levántate, y sigue tu viaje.

Saúl se levantó. Después salieron él y Samuel a la calle, y cuando bajaban hacia las afueras de la ciudad, Samuel le dijo a Saúl:

—Manda al criado que se adelante, y tú espera un poco, que tengo que comunicarte·lo que Dios me ha dicho.

Entonces Samuel tomó un recipiente con aceite y, derramándolo sobre la cabeza de Saúl, lo besó y le dijo:

—El Señor te consagra hoy gobernante de Israel, su pueblo. Tú lo gobernarás y lo librarás de los enemigos que lo rodean.

Saúl es rey de Israel

1 Samuel 10.17–25

Después llamó Samuel a los israelitas, para adorar al Señor en Mispá; allí les dijo:

—El Señor, Dios de Israel, dice: 'Yo saqué de Egipto a ustedes los israelitas, y los libré del poder de los egipcios y de todos los reinos que los oprimían.' Pero ahora ustedes desprecian a su Dios, que los ha librado de todos sus problemas y aflicciones, y lo han rechazado al pedir que les ponga un rey que los gobierne. Por lo tanto, preséntense ahora delante del Señor por tribus y por clanes.

Luego ordenó Samuel que se acercaran todas las tribus de Israel, y la suerte cayó sobre la tribu de Benjamín. A continuación ordenó que se acercaran los de la tribu de Benjamín, y la suerte cayó sobre el clan de Matrí, y de ella la suerte cayó sobre Saúl, hijo de Quis. Pero lo buscaron y no lo encontraron, por lo que consultaron otra vez al Señor, para saber si Saúl se encontraba allí. Y el Señor respondió que Saúl ya estaba allí, y que se había escondido entre el equipaje. Entonces corrieron a sacarlo de su escondite. Y cuando Saúl se presentó ante el pueblo, se vio que ningún israelita le pasaba del hombro. Samuel preguntó a todos:

—¿Ya vieron al que el Señor ha escogido como rey? ¡No hay un solo israelita que pueda compararse con él!

—¡Viva el rey! —respondieron los israelitas.

En seguida Samuel expuso al pueblo las leyes del reino, y las escribió en un libro que depositó en el santuario del Señor. Después Samuel ordenó a todos que volvieran a sus casas.

David es ungido rey

1 Samuel 15.10–11a; 16.1,4a,6b–8,10–11a,12–13

[Tiempo después] el Señor le habló a Samuel, y le dijo:

—Me pesa haber hecho rey a Saúl, porque se ha apartado de mí y no ha cumplido mis órdenes.

Samuel se quedó muy [triste].

[Y] el Señor dijo a Samuel:

—¿Hasta cuándo vas a estar triste por causa de Saúl? Ya no quiero que él siga siendo rey de Israel. Anda, llena de aceite tu cuerno, que quiero que vayas a la casa de Jesé, el de Belén, porque ya escogí como rey a uno de sus hijos.

Samuel hizo lo que el Señor le mandó. Y cuando llegó a Belén, Samuel vio a Eliab [uno de los hijos de Jesé] y pensó: "Con toda seguridad este es el hombre que el Señor ha escogido como rey."

Pero el Señor le dijo: "No te fijes en su apariencia ni en su elevada estatura, pues yo lo he rechazado. No se trata de lo que el hombre ve; pues el hombre se fija en las apariencias, pero yo me fijo en el corazón."

Entonces Jesé llamó a Abinadab, y se lo presentó a Samuel; pero Samuel comentó:

—Tampoco a este ha escogido el Señor.

Jesé presentó a Samuel siete de sus hijos, pero Samuel tuvo que decirle que a ninguno de ellos lo había elegido el Señor.

—¿No tienes más hijos?

—Falta el más pequeño, que es el que cuida el rebaño —respondió Jesé.

—Manda a buscarlo —dijo Samuel.

Jesé lo mandó llamar. Y el chico era de piel sonrosada, agradable y bien parecido.

Entonces el Señor dijo a Samuel:

—Este es. Así que levántate y conságralo como rey.

En seguida Samuel tomó el

recipiente con aceite, y en presencia de sus hermanos consagró como rey al joven, que se llamaba David. A partir de aquel momento, el espíritu del Señor se apoderó de él. Después Samuel se despidió y se fue a Ramá.

David y Saúl
1 Samuel 16.14–19,21–23

Entre tanto, el espíritu del Señor se había apartado de Saúl, y un espíritu maligno, enviado por el Señor, lo atormentaba. Por eso, los que estaban a su servicio le dijeron:

—Como usted ve, señor nuestro, un espíritu maligno de parte de Dios lo está atormentando a usted. Por eso, ordene usted a estos servidores suyos que busquen a alguien que sepa tocar el arpa, para que, cuando le ataque a usted el espíritu maligno, él toque el arpa y usted se sienta mejor.

—Pues busquen a alguien que sepa tocar bien, y tráiganmelo —contestó Saúl.

Entonces uno de ellos dijo:

—Yo he visto que uno de los hijos de Jesé, el de Belén, sabe tocar muy bien; además, es un guerrero valiente, y habla con sensatez; es bien parecido y cuenta con la ayuda del Señor.

Entonces Saúl mandó mensajeros a Jesé, para que le dijeran: "Envíame a tu hijo David, el que cuida las ovejas." Así David se presentó ante Saúl y quedó a su servicio, y Saúl llegó a estimarlo muchísimo y lo nombró su ayudante. Y Saúl envió un mensaje a Jesé, rogándole que dejara a David con él, porque le había agradado

mucho. Así que, cuando el espíritu maligno de parte de Dios atacaba a Saúl, David tomaba el arpa y se ponía a tocar. Con eso Saúl recobraba el ánimo y se sentía mejor, y el espíritu maligno se apartaba de él.

Goliat desafía a los israelitas

1 Samuel 17.3–11,16

[Los filisteos se juntaron para pelear contra los israelitas.] Estos tenían sus posiciones en un monte, y los israelitas en otro, quedando separados por el valle. De pronto, de entre las filas de los filisteos salió un guerrero como de tres metros de estatura. Se llamaba Goliat y era de la ciudad de Gat. En la cabeza llevaba un casco de bronce, y sobre su cuerpo una coraza, también de bronce, que pesaba cincuenta y cinco kilos. Del mismo metal eran las placas que le protegían las piernas y la jabalina que llevaba al hombro. El asta de su lanza era como un rodillo de telar, y su punta de hierro pesaba más de seis kilos. Delante de él iba su ayudante. Goliat se detuvo y dijo a los soldados israelitas:

—¿Para qué han salido en orden de combate? Puesto que yo soy un filisteo, y ustedes están al servicio de Saúl, elijan a uno de ustedes para que baje a luchar conmigo. Si es capaz de pelear conmigo y vencerme, nosotros seremos esclavos de ustedes; pero si yo lo venzo, ustedes serán nuestros esclavos. En este día, yo lanzo este desafío al ejército de Israel: ¡Denme un hombre para que luche conmigo!

Al oír Saúl y todos los israelitas las palabras del filisteo, perdieron el ánimo y se llenaron de miedo.

Aquel filisteo salía a provocar a los israelitas por la mañana y por la tarde, y así lo estuvo haciendo durante cuarenta días.

David en el campamento de Saúl

1 Samuel 17.17,19–27

Un día, Jesé le dijo a su hijo David:

—Toma unos veinte litros de este trigo tostado, y estos diez panes, y llévalos pronto al campamento, a tus hermanos.

Saúl y los hermanos de David y todos los israelitas estaban en el valle de Elá luchando contra los filisteos.

Al día siguiente, David madrugó y, dejando las ovejas al cuidado de otro, se puso en camino llevando consigo las provisiones que le entregó Jesé. Cuando llegó al campamento, el ejército se disponía a salir a la batalla y lanzaba gritos de guerra. Los israelitas y los filisteos se alinearon frente a frente. David dejó lo que llevaba al cuidado del encargado de armas y provisiones, y corriendo a las filas se metió en ellas para preguntar a sus hermanos cómo estaban. Mientras hablaba con ellos, aquel guerrero filisteo llamado Goliat, de la ciudad de Gat, salió de entre las filas de los filisteos y volvió a desafiar a los israelitas como lo había estado haciendo hasta entonces. David lo oyó.

En cuanto los israelitas vieron a aquel hombre, sintieron mucho miedo y huyeron de su presencia, diciendo: "¿Ya vieron al hombre que ha salido? ¡Ha venido a desafiar a Israel! A quien sea capaz de vencerlo, el rey le dará muchas riquezas, le dará su hija como esposa y liberará a su familia de pagar tributos."

Entonces David preguntó a los que estaban a su lado:

—¿Qué darán al hombre que mate a este filisteo y borre esta ofensa de Israel? Porque, ¿quién es este filisteo pagano para desafiar así al ejército del Dios viviente?

Ellos respondieron lo mismo que antes habían dicho, en cuanto a lo que le darían a quien matara a Goliat.

David mata a Goliat

1 Samuel 17.32–35a,c,36b,37b–45,48–51a

Entonces David le dijo a Saúl:

—Nadie debe desanimarse por culpa de ese filisteo, porque yo, un servidor de Su Majestad, iré a pelear contra él.

—No puedes ir tú solo a luchar contra ese filisteo —contestó Saúl—, porque aún eres muy joven; en cambio, él ha sido hombre de guerra desde su juventud.

David contestó:

—Cuando yo, el servidor de Su Majestad, cuidaba las ovejas de mi padre, si un león o un oso venía y se llevaba una oveja del rebaño, iba detrás de él y se la quitaba del hocico, lo agarraba por la quijada y le daba de golpes hasta matarlo. Y a este filisteo pagano le va a pasar lo mismo, porque ha desafiado al ejército del Dios viviente.

Entonces Saúl le dijo:

—Anda, pues, y que el Señor te acompañe.

Luego hizo Saúl que vistieran a David con la misma ropa que él usaba, y que le pusieran un casco de bronce en la cabeza y lo cubrieran con una coraza. Finalmente, David se colgó la espada al cinto, sobre su ropa, y trató de andar así, porque no estaba acostumbrado a todo aquello. Pero en seguida le dijo a Saúl:

—No puedo andar con esto encima, porque no estoy acostumbrado a ello.

Entonces se quitó todo aquello, tomó su bastón, escogió cinco piedras lisas del arroyo, las metió en la bolsa que traía consigo y, con su honda en la mano, se enfrentó con el filisteo. El filisteo, a su vez, se acercaba poco a poco a David. Delante de él iba su ayudante.

Cuando el filisteo miró a David, y vio que era joven, de piel sonrosada y bien parecido, no lo tomó en serio, sino que le dijo:

—¿Acaso soy un perro, para que vengas a atacarme con palos?

Y en seguida maldijo a David en nombre de su dios. Además le dijo:

—¡Ven aquí, que voy a dar tu carne como alimento a las aves del cielo y a las fieras!

David le contestó:

—Tú vienes contra mí con espada, lanza y jabalina, pero yo voy contra ti en nombre del Señor todopoderoso, el Dios de los ejércitos de Israel, a los que tú has desafiado.

El filisteo se levantó y salió al encuentro de David, quien, a su vez,

rápidamente se dispuso a hacer frente al filisteo: metió su mano en la bolsa, sacó una piedra y, arrojándola con la honda contra el filisteo, lo hirió en la frente. Con la piedra clavada en la frente, el filisteo cayó de cara al suelo. Así fue como David venció al filisteo. Con solo una honda y una piedra, David lo hirió de muerte. Y como no llevaba espada, corrió a ponerse al lado del filisteo y, apoderándose de su espada, la desenvainó y con ella lo remató. Después de esto, le cortó la cabeza.

Cuando los filisteos vieron muerto a su mejor guerrero, salieron huyendo.

La envidia de Saúl

1 Samuel 18.6–16

Cuando las tropas regresaron después que David mató al filisteo, de todas las ciudades de Israel salieron mujeres a recibir al rey Saúl cantando y bailando alegremente con panderos y platillos. Y mientras cantaban y bailaban, las mujeres repetían:

"Mil hombres mató Saúl,
y diez mil mató David."

Esto le molestó mucho a Saúl, y muy enojado dijo:

—A David le atribuyen la muerte de diez mil hombres, y a mí únicamente la de mil. ¡Ya solo falta que lo hagan rey!

A partir de entonces, Saúl miraba a David con recelo.

Al día siguiente, el espíritu maligno mandado por Dios se apoderó de Saúl, y este se puso como loco dentro de su palacio. David estaba tocando el arpa, como

de costumbre, y Saúl tenía su lanza en la mano. De pronto Saúl levantó la lanza con la intención de clavar a David en la pared, pero David esquivó a Saúl dos veces.

Saúl tenía miedo de David, porque el Señor ayudaba a David pero ya no lo ayudaba a él. Por eso lo retiró de su lado y lo nombró comandante de un batallón, al frente del cual salía a campaña y volvía. Y como el Señor lo ayudaba, David tenía éxito en todo lo que hacía. Por eso Saúl tenía miedo de él, al ver cómo prosperaba. Pero todos en Israel y Judá querían a David, porque él era quien los dirigía cuando salían a campaña y volvían.

David y Jonatán

1 Samuel 18.1b, 3–4; 19.1–7

Jonatán se hizo muy amigo de David, y llegó a quererlo como a sí mismo. Y Jonatán y David se juraron eterna amistad, porque Jonatán quería a David como a sí mismo. Además, Jonatán se quitó la capa y la túnica que llevaba puestas, y se las dio a David, junto con su espada, su arco y su cinturón.

Saúl ordenó a su hijo Jonatán y a todos sus oficiales que mataran a David. Pero Jonatán, que quería mucho a David, lo puso sobre aviso. Le dijo:

—Saúl, mi padre, está tratando de matarte. Así que mañana temprano ten cuidado y quédate escondido en algún lugar secreto. Yo saldré, en compañía de mi padre, al campo donde tú vas a estar. Hablaré con él acerca de ti, a ver qué pasa, y luego te lo haré saber.

Y Jonatán habló con Saúl en favor de David. Le dijo:

—Su Majestad no debiera cometer ningún mal contra su siervo David, porque él no le ha hecho ningún mal a Su Majestad, y sí mucho bien; pues jugándose la vida mató al filisteo, y así el Señor libró por completo a todo Israel. Su Majestad lo vio y se alegró de ello. ¿Por qué habrá de atentar Su Majestad contra la vida de un inocente, tratando de matar a David sin motivo?

Al escuchar Saúl las razones de Jonatán, exclamó:

140

—Juro por el Señor que David no morirá.

Entonces Jonatán llamó a David y le informó de toda esta conversación. Después lo llevó ante Saúl, y David siguió al servicio de Saúl igual que antes.

Jonatán ayuda a David

1 Samuel 19.9–10; 20.18b–22,24–25a, 26–28,30–31,34a,35–39,41

En cuanto a Saúl, otra vez lo atacó el espíritu maligno de parte del Señor; y estando sentado en su habitación, con su lanza en la mano, mientras David tocaba, intentó clavar con ella a David en la pared. Pero David

pudo esquivar el golpe, y la lanza de Saúl se clavó en la pared. Aquella misma noche David se escapó y huyó.

[Fue hasta donde estaba Jonatán y Jonatán le dijo:]

—Mañana es la fiesta de luna nueva, y como tu asiento va a estar desocupado, te echarán de menos. Pero al tercer día se notará aún más tu ausencia. Por tanto, vete al sitio donde te escondiste la vez pasada, y colócate junto a aquel montón de piedras. Yo lanzaré tres flechas hacia aquel lado, como si estuviera tirando al blanco, y le diré a mi criado: 'Ve a buscar las flechas.' Si le digo: 'Las flechas están más acá de ti; anda, tómalas', podrás salir tranquilo, porque nada te va a pasar. Te lo juro por el Señor. Pero si le digo: 'Las flechas están más allá', vete, porque el Señor quiere que te vayas.

David se escondió en el campo, y cuando llegó la fiesta de luna nueva, el rey se sentó a la mesa para comer. Se sentó en el lugar de costumbre, junto a la pared. Aquel día Saúl no dijo nada, porque se imaginó que algo impuro le habría ocurrido y no estaría purificado. Pero al día siguiente, que era el segundo día de la fiesta, el asiento de David quedó también vacío. Entonces le preguntó Saúl a su hijo Jonatán:

—¿Por qué no vino ayer el hijo de Jesé a la comida, ni tampoco hoy?

Y Jonatán le respondió:

—David me pidió con urgencia permiso para ir a Belén.

Entonces Saúl se enfureció con Jonatán, y le dijo:

—¡Hijo de mala madre! ¿Acaso no sé que tú eres el amigo íntimo del hijo de Jesé, para vergüenza tuya y de tu madre? Mientras él esté vivo en esta tierra, ni tú ni tu reino estarán seguros. ¡Así que manda a buscarlo, y tráemelo, porque merece la muerte!

Entonces, lleno de furia, se levantó Jonatán de la mesa y no participó en la comida del segundo día de la fiesta. A la mañana

144

siguiente, a la hora de la cita con David, Jonatán salió al campo acompañado de un criado joven, al cual le ordenó:

—Corre a buscar en seguida las flechas que yo dispare.

El criado echó a correr, mientras Jonatán disparaba una flecha de modo que cayera lejos de él. Y cuando el criado llegó al lugar donde había caído la flecha, Jonatán le gritó al criado con todas sus fuerzas:

—¡La flecha está más allá de ti!

Y una vez más Jonatán le gritó al criado:

—¡Date prisa, corre, no te detengas!

El criado de Jonatán recogió las flechas y se las trajo a su amo, pero no se dio cuenta de nada, porque solo Jonatán y David conocían la contraseña.

En cuanto el criado se fue, David salió de detrás del montón de piedras, y ya ante Jonatán se inclinó tres veces hasta tocar el suelo con la frente. Luego se besaron y lloraron juntos hasta que David se desahogó.

David le perdona la vida a Saúl

1 Samuel 24.1,2a,3–9,11–13,16–17a

Cuando regresó Saúl de perseguir a los filisteos, le dieron la noticia de que David estaba en el desierto de En–gadi. Entonces Saúl escogió a tres mil hombres de todo Israel y fue a buscar a David y sus hombres. En su camino llegó a unos rediles de ovejas, cerca de los cuales había una cueva en la que estaban escondidos David y sus hombres. Saúl se metió en ella para hacer sus necesidades, y los hombres de David le dijeron a este:

—Hoy se cumple la promesa que te hizo el Señor de que pondría en tus manos a tu enemigo. Haz con él lo que mejor te parezca.

Entonces David se levantó, y con mucha precaución cortó un pedazo de la capa de Saúl; pero después de hacerlo le remordió la conciencia, y les dijo a sus hombres:

—¡El Señor me libre de alzar mi mano contra mi señor el rey! ¡Si él es rey, es porque el Señor lo ha escogido!

De este modo refrenó David a sus hombres y no les permitió atacar a Saúl, el cual salió de la cueva y siguió su camino. Pero en seguida David salió de la cueva tras él, y le gritó:

—¡Majestad, Majestad!

Saúl miró hacia atrás, y David, inclinándose hasta el suelo en señal de reverencia, le dijo:

—¿Por qué hace caso Su Majestad a quienes le dicen que yo busco su mal?

"Mire bien Su Majestad lo que tengo en la mano: es un pedazo de la capa de Su Majestad, a quien bien podría haber matado. Con eso puede darse cuenta Su Majestad de que yo no he pensado en hacerle daño ni en traicionarlo, ni tampoco le he faltado. Sin embargo, Su Majestad me persigue para quitarme la vida. ¡Que el Señor juzgue entre nosotros dos, y me vengue de Su Majestad! Por lo que a mí toca, jamás levantaré mi mano contra Su Majestad. Un antiguo refrán dice: 'La maldad viene de los malvados'; por eso yo jamás levantaré mi mano contra Su Majestad."

Cuando David terminó de hablar, Saúl exclamó:

—¡Pero si eres tú, David, hijo mío, quien me habla!

Y echándose a llorar, le dijo:

—La razón está de tu lado.

David derrota a los amalecitas

1 Samuel 30.1b,2–4,6,8a,8c,16b–18a

David y sus hombres llegaron a Siclag, y se encontraron con que los amalecitas habían invadido el Néguev y atacado a Siclag. También se habían llevado prisioneras a las mujeres y a todos los niños y adultos que estaban allí, aunque no habían matado a nadie.

Cuando David y sus hombres llegaron a la ciudad y vieron que estaba quemada y que se habían llevado prisioneros a sus mujeres, hijos e hijas, se pusieron a llorar a voz en cuello hasta quedarse sin fuerzas. David estaba muy preocupado porque la tropa quería apedrearlo, pues todos estaban muy disgustados por lo que había sucedido a sus hijos. Sin embargo, puso su confianza en el Señor su Dios.

[David] consultó al Señor:

—¿Debo perseguir a esa banda de ladrones? ¿Podré alcanzarla?

Y el Señor contestó:

—Persíguela, pues la alcanzarás y rescatarás a los prisioneros.

[Los amalecitas] se habían desparramado por todo el campo y estaban comiendo, bebiendo y haciendo fiesta por todo lo que habían robado en territorio filisteo y en territorio de Judá. Entonces David los atacó desde la mañana hasta la tarde, y los destruyó por completo, menos a cuatrocientos muchachos que montaron en sus camellos y lograron escapar.

David rescató todo lo que los amalecitas habían robado.

Saúl y sus hijos mueren en la guerra

1 Samuel 31.1–6

Los filisteos atacaron a Israel, y los israelitas huyeron ante ellos, pues fueron muchos los muertos en el monte Guilboa. Y los filisteos se fueron en persecución de Saúl y de sus hijos, y mataron a Jonatán, a Abinadab y a Malquisúa. Luego concentraron todo su ataque sobre

Saúl; y como los arqueros lograron alcanzarlo con sus flechas, le entró mucho miedo de ellos. Por lo tanto, le dijo a su ayudante de armas:

—Saca tu espada y atraviésame con ella, para que no vengan estos paganos y sean ellos quienes me maten y se diviertan conmigo.

Pero su ayudante no quiso hacerlo, porque tenía mucho miedo. Entonces Saúl tomó su espada y se dejó caer sobre ella. Y cuando su ayudante vio que Saúl había muerto, también él se dejó caer sobre su propia espada y murió con él. Así murieron aquel día Saúl, sus tres hijos, su ayudante y todos sus hombres.

David, rey de todo el país

2 Samuel 5.1–8a,9–10;
1 Crónicas 14.8,10–11a,12,17b

Más tarde, todas las tribus de Israel fueron a Hebrón para hablar con David, y le dijeron: "Nosotros somos de tu misma sangre, y en realidad, aunque Saúl era nuestro rey, tú eras el que verdaderamente dirigía a Israel en sus campañas.

147

Además, el Señor te ha prometido que tú serás quien dirija y gobierne a Israel.''

De esta manera, todos los ancianos de Israel fueron y hablaron con el rey David en Hebrón, y él hizo un pacto con ellos, poniendo al Señor por testigo. Entonces ellos consagraron a David como rey de Israel. David tenía treinta años cuando empezó a reinar, y reinó cuarenta años: en Hebrón fue rey de Judá durante siete años y medio, y luego en Jerusalén fue rey de todo Israel y Judá durante treinta y tres años.

El rey David y sus hombres se dirigieron hacia Jerusalén para atacar a los jebuseos, habitantes de aquella región. Y los jebuseos, creyendo que David no lograría entrar en la ciudad, le dijeron: "Tú no podrás entrar aquí, pues se bastan los ciegos y los inválidos para no dejarte entrar.'' Sin embargo, David capturó la fortaleza de Sión, ahora conocida como la Ciudad de David. David había dicho en aquella ocasión: "Todo el que ataque a los jebuseos, que entre por el canal del agua y mate a los ciegos y a los inválidos, a los cuales aborrezco con toda mi alma.'' Después se instaló David en la fortaleza y la llamó Ciudad de David, y le construyó murallas alrededor, desde el terraplén hasta el palacio.

El poder de David iba aumentando, y el Señor, el Dios todopoderoso, estaba con él.

Cuando los filisteos supieron que David había sido consagrado como rey de todo Israel, se lanzaron todos en busca suya; pero David lo supo y les salió al encuentro. Por esto, David consultó al Señor, y le preguntó:

—¿Puedo atacar a los filisteos? ¿Me darás la victoria sobre ellos?

Y el Señor le respondió:

—Atácalos, pues te daré la victoria sobre ellos.

David subió a Baal–perasim, y allí los venció. Por eso dijo: "Como un torrente de agua, Dios me ha abierto paso entre mis enemigos.'' Además, los filisteos dejaron abandonados a sus dioses, y David los mandó quemar. [La fama de David] se extendió por todos los países y el Señor hizo que todas las naciones le tuvieran miedo.

David lleva el arca a Jerusalén

1 Crónicas 15.1–3,15–16,27a,27c—16.4
David hizo que le construyeran casas en la Ciudad de David, y preparó también un lugar para el arca de Dios en una tienda de campaña que levantó. Entonces ordenó: "Nadie, fuera de los levitas, debe llevar el arca de Dios, porque el Señor los ha escogido a ellos para que lleven el arca del Señor y para que estén siempre a su servicio.''

Luego reunió a todo Israel en Jerusalén para trasladar el arca del Señor al lugar que le había preparado.

Lo hicieron sirviéndose de los travesaños, llevados sobre los hombros, según lo había mandado Moisés por orden del Señor.

También ordenó David a los jefes de los levitas que, de entre los de su tribu, nombraran cantores que fueran con instrumentos musicales, salterios, arpas y platillos, y los tocaran con entusiasmo en señal de alegría.

David iba vestido con un manto de lino fino; además David llevaba puesto un efod de lino. Todo Israel llevaba así el arca de la alianza del Señor entre gritos de alegría y el sonido de cuernos de carnero, trompetas y platillos, y la música de salterios y arpas.

Cuando el arca de la alianza del Señor llegó a la Ciudad de David, Mical, la hija de Saúl, se asomó a la ventana; y al ver al rey David bailando alegremente, sintió un profundo desprecio por él.

El arca de Dios fue llevada y puesta dentro de una tienda de campaña que David había levantado con ese propósito. En seguida se ofrecieron holocaustos y sacrificios de reconciliación delante de Dios, y cuando terminó David de ofrecerlos bendijo al pueblo en nombre del Señor, y a todos los israelitas,

hombres y mujeres, les dio un pan,
una torta de dátiles y otra de pasas.

David nombró entre los levitas a
los que habían de servir delante del
arca del Señor, para que se
encargaran de celebrar, dar gracias y
alabar al Señor, Dios de Israel.

David y Betsabé

2 Samuel 11.2–4a,4c–6,9,14–17

[Mientras el ejército israelita peleaba
con el enemigo, David permanecía
en Jerusalén.] Una tarde, al
levantarse David de su cama y
pasearse por la azotea del palacio
real, vio desde allí a una mujer muy
hermosa que se estaba bañando.
David mandó que averiguaran quién
era ella, y le dijeron que era Betsabé,
hija de Eliam y esposa de Urías el
hitita. David ordenó entonces a unos
mensajeros que se la trajeran, y se
acostó con ella, después de lo cual
ella volvió a su casa.

La mujer quedó embarazada, y así
se lo hizo saber a David. Entonces
David ordenó a Joab que mandara
traer a Urías el hitita, y así lo hizo
Joab. [Cuando Urías llegó, David le
dijo que fuera a su casa a descansar].
Pero Urías, en lugar de ir a su casa,
pasó la noche a las puertas del
palacio, con los soldados de la
guardia real.

A la mañana siguiente, David
escribió una carta a Joab, y la envió
por medio de Urías. En la carta
decía: "Pongan a Urías en las
primeras líneas, donde sea más dura
la batalla, y luego déjenlo solo para
que caiga herido y muera."

151

Así pues, cuando Joab rodeó la ciudad para atacarla, puso a Urías en el lugar donde él sabía que estaban los soldados más valientes, y en un momento en que los que defendían la ciudad salieron para luchar contra Joab, cayeron en combate algunos de los oficiales de David, entre los cuales se encontraba Urías.

Natán reprende a David

2 Samuel 12.1–7,9a,10,13–15a

El Señor envió al profeta Natán a ver a David. Cuando Natán se presentó ante él, le dijo:

—En una ciudad había dos hombres. Uno era rico y el otro pobre. El rico tenía gran cantidad de ovejas y vacas, pero el pobre no tenía más que una ovejita que había comprado. Y él mismo la crió, y la ovejita creció en compañía suya y de sus hijos; comía de su misma comida, bebía en su mismo vaso y dormía en su pecho. ¡Aquel hombre la quería como a una hija! Un día, un viajero llegó a visitar al hombre rico; pero este no quiso tomar ninguna de sus ovejas o vacas para preparar comida a su visitante, sino que le quitó al hombre pobre su ovejita y la preparó para dársela al que había llegado.

David se enfureció mucho contra aquel hombre, y le dijo a Natán:

—¡Te juro por Dios que quien ha hecho tal cosa merece la muerte! ¡Y debe pagar cuatro veces el valor de la ovejita, porque actuó sin mostrar ninguna compasión!

Entonces Natán le dijo:

—¡Tú eres ese hombre! Y esto es lo que ha declarado el Señor, el Dios de Israel: 'Yo te escogí como rey de Israel, y te libré del poder de Saúl. ¿Por qué despreciaste mi palabra, e hiciste lo que no me agrada? Has asesinado a Urías el hitita. Puesto que me has menospreciado al apoderarte de la esposa de Urías el hitita para hacerla tu mujer, jamás se apartará de tu casa la violencia.

David admitió ante Natán:

—He pecado contra el Señor.

Y Natán le respondió:

—El Señor no te va a castigar a ti por tu pecado, y no morirás. Pero como has ofendido gravemente al Señor, tu hijo recién nacido tendrá que morir.

Y Natán volvió a su casa.

Salomón pide a Dios sabiduría

1 Reyes 2.10,12; 3.4a,5–15

David murió y fue enterrado con sus antepasados en la Ciudad de David. Luego reinó Salomón en lugar de David, su padre, y su reinado fue muy estable, e iba a Gabaón para ofrecer allí sacrificios.

Una noche, en Gabaón, el Señor

153

se apareció en sueños a Salomón y le dijo: "Pídeme lo que quieras, y yo te lo daré."

Salomón respondió: "Tú trataste con gran bondad a mi padre, tu siervo David, pues él se condujo delante de ti con lealtad, justicia y rectitud de corazón para contigo. Por eso lo trataste con tanta bondad y le concediste que un hijo suyo se sentara en su trono, como ahora ha sucedido. Tú, Señor y Dios mío, me has puesto para que reine en lugar de David, mi padre, aunque yo soy un muchacho joven y sin experiencia. Pero estoy al frente del pueblo que tú escogiste: un pueblo tan grande que, por su multitud, no puede contarse ni calcularse. Dame, pues, un corazón atento para gobernar a tu pueblo, y para distinguir entre lo bueno y lo malo; porque ¿quién hay capaz de gobernar a este pueblo tuyo tan numeroso?"

Al Señor le agradó que Salomón le hiciera tal petición, y le dijo: "Porque me has pedido esto, y no una larga vida, ni riquezas, ni la muerte de tus enemigos, sino inteligencia para saber oir y gobernar, voy a hacer lo que me has pedido: yo te concedo sabiduría e

155

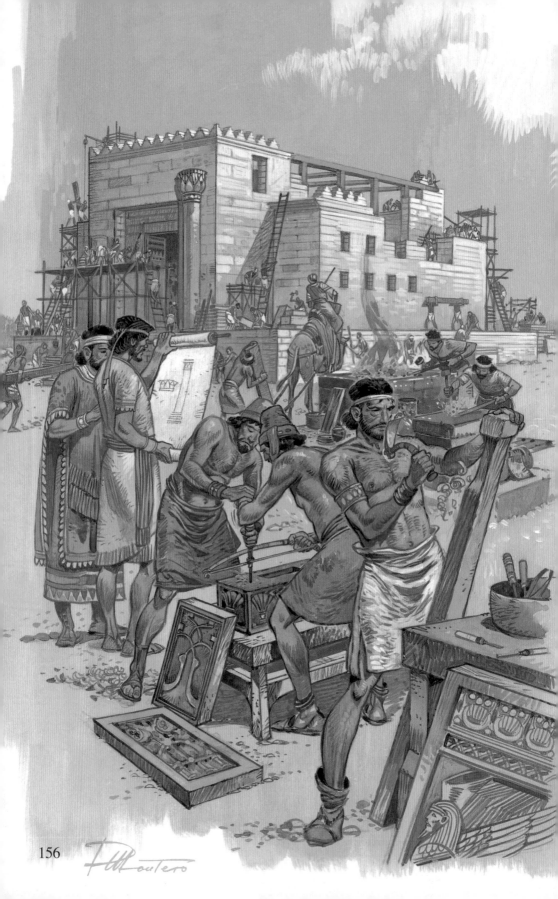

inteligencia como nadie las ha tenido antes que tú ni las tendrá después de ti. Además, te doy riquezas y esplendor, cosas que tú no pediste, de modo que en toda tu vida no haya otro rey como tú. Y si haces mi voluntad, y cumples mis leyes y mandamientos, como lo hizo David, tu padre, te concederé una larga vida."

Al despertar, Salomón se dio cuenta de que había sido un sueño. Y cuando llegó a Jerusalén, se presentó ante el arca de la alianza del Señor y ofreció holocaustos y sacrificios de reconciliación. Después dio un banquete a todos sus funcionarios.

Salomón, el juez sabio

1 Reyes 3.16–22a,22c–27

Por aquel tiempo fueron a ver al rey dos prostitutas. Cuando estuvieron en su presencia, una de ellas dijo:

—¡Ay, Majestad! Esta mujer y yo vivimos en la misma casa, y yo di a luz estando ella conmigo en casa. A los tres días de que yo di a luz, también dio a luz esta mujer. Estábamos las dos solas. No había ninguna persona extraña en casa con nosotras; solo estábamos nosotras dos. Pero una noche murió el hijo de esta mujer, porque ella se acostó encima de él. Entonces se levantó a medianoche, mientras yo estaba dormida, y quitó de mi lado a mi hijo y lo acostó con ella, poniendo junto a mí a su hijo muerto. Por la mañana, cuando me levanté para dar el pecho a mi hijo, vi que estaba muerto. Pero a la luz del día lo miré, y me di cuenta de que aquel no era el hijo que yo había dado a luz.

La otra mujer dijo:

—No, mi hijo es el que está vivo, y el tuyo es el muerto.

Así estuvieron discutiendo delante del rey. Entonces el rey se puso a pensar: "Esta dice que su hijo es el que está vivo, y que el muerto es el de la otra; ¡pero la otra dice exactamente lo contrario!" Luego ordenó:

—¡Tráiganme una espada!

Cuando le llevaron la espada al rey, ordenó:

—Corten en dos al niño vivo, y denle una mitad a cada una.

Pero la madre del niño vivo se angustió profundamente por su hijo, y suplicó al rey:

—¡Por favor! ¡No mate Su Majestad al niño vivo! ¡Mejor déselo a esta mujer!

Pero la otra dijo:

—Ni para mí ni para ti. ¡Que lo partan!

Entonces intervino el rey y ordenó:

—Entreguen a aquella mujer el niño vivo. No lo maten, porque ella es su verdadera madre.

Salomón construye el templo

1 Reyes 5.1–8,10; 6.7,11–14,38c

Cuando Hiram, rey de Tiro, supo que habían consagrado rey a Salomón en lugar de David, su padre, envió sus embajadores, pues Hiram siempre había estimado a David. Entonces Salomón mandó decir a Hiram: "Tú ya sabes que David, mi padre, no pudo construir un templo al Señor su Dios, por las guerras en que se vio envuelto, hasta que el Señor sometió a sus enemigos. Pero ahora el Señor mi Dios nos ha dado calma en todas partes, pues no tenemos enemigos ni calamidades. Por lo tanto he decidido construir un templo al Señor mi Dios, conforme a la promesa que él le hizo a David, mi padre, cuando le dijo que su hijo, a quien él haría reinar en su lugar, sería quien construiría un templo en su honor. Ordena, pues, que me corten cedros del Líbano. Mis servidores ayudarán a los tuyos, y yo te pagaré lo que me pidas como salario de tus servidores, pues tú bien sabes que ninguno de nosotros sabe cortar la madera como los sidonios."

Cuando Hiram escuchó el mensaje de Salomón, se puso muy contento y exclamó: "¡Bendito sea hoy el Señor, porque ha concedido a David un hijo tan sabio para que gobierne esa gran nación!"

Luego Hiram mandó decir a Salomón: "He recibido el mensaje que me enviaste, y cumpliré tu pedido de madera de cedro y de pino."

Por lo tanto, Hiram dio a Salomón toda la madera de cedro y de pino que quiso.

En la construcción del templo se emplearon piedras totalmente labradas, así que al edificarlo no se escucharon en el templo ni martillos ni piquetas ni ningún otro instrumento de hierro.

Entonces el Señor se dirigió a Salomón y le dijo: "En cuanto al templo que estás construyendo, quiero decirte que, si te conduces conforme a mis leyes y decretos, y cumples todos mis mandamientos portándote conforme a ellos, yo cumpliré la promesa que hice a David, tu padre, respecto a ti; y viviré entre los israelitas, y no abandonaré a Israel, mi pueblo."

Salomón terminó de construir el templo. En siete años lo construyó Salomón.

La reina de Sabá visita a Salomón

1 Reyes 4.29–30,32–34; 10.1–3,5b–7

Dios concedió a Salomón mucha sabiduría e inteligencia, y una comprensión tan abundante como la arena que está a la orilla del mar, hasta el punto de que la sabiduría de Salomón sobrepasó a la de los egipcios y los orientales. Pronunció tres mil proverbios y compuso mil cinco poemas. Habló acerca de los árboles y las plantas, desde el cedro del Líbano hasta la hierba que crece en las paredes; también habló sobre los animales, las aves, los reptiles y los peces. De todas las naciones y reinos de la tierra donde habían oído hablar de la inteligencia de Salomón, venía gente a escucharlo.

La reina de Sabá oyó hablar de la fama que Salomón había alcanzado para honra del Señor, y fue a Jerusalén para ponerlo a prueba con preguntas difíciles. Llegó rodeada de gran esplendor, con camellos cargados de perfumes y con gran cantidad de oro y piedras preciosas. Cuando llegó ante Salomón, le preguntó todo lo que tenía pensado, y Salomón respondió a todas sus preguntas. No hubo una sola pregunta de la cual no supiera la respuesta. Se quedó tan asombrada que dijo al rey: "Lo que escuché en mi país acerca de tus hechos y de tu sabiduría, es verdad; pero solo he podido creerlo ahora que he venido y lo he visto con mis propios ojos. En realidad, no me habían contado ni la mitad, pues tu sabiduría y tus bienes son más de lo que yo había oído."

¿El Dios de Israel o Baal?

1 Reyes 16.29b–30,31b–33; 17.1; 18.1–2a,17–24

Ahab, hijo de Omrí, reinó sobre Israel durante veintidós años, en la ciudad de Samaria. Pero su conducta fue reprobable a los ojos del Señor, e incluso peor que la de los reyes anteriores a él. Para colmo, se casó con Jezabel, hija de Et–baal, rey de Sidón, y acabó por adorar y rendir culto a Baal, y construyó un altar y un templo a Baal en Samaria. Hizo también una imagen de Aserá, con lo que irritó al Señor, Dios de Israel, más que todos los reyes de Israel anteriores a él.

El profeta Elías, que era de Tisbé, de la región de Galaad, dijo a Ahab: "¡Juro por el Señor, Dios de Israel, a quien sirvo, que en estos años no lloverá, ni caerá rocío hasta que yo lo diga!"

El tiempo pasó. Tres años después, el Señor se dirigió a Elías y le dijo: "Ve y preséntate ante Ahab, pues voy a mandar lluvia sobre la tierra."

Elías fue y se presentó ante Ahab. Cuando lo vio, le dijo:

—¿Así que tú eres el que está trastornando a Israel?

—Yo no lo estoy trastornando —contestó Elías—, sino tú y tu gente, por dejar los mandamientos del Señor y rendir culto a las diferentes representaciones de Baal. Manda ahora gente que reúna a todos los israelitas en el monte Carmelo, con los cuatrocientos cincuenta profetas de Baal.

Ahab mandó llamar a todos los israelitas, y reunió a los profetas en

161

el monte Carmelo. Entonces Elías,
acercándose a todo el pueblo, dijo:

—¿Hasta cuándo van a continuar
ustedes con este doble juego? Si el
Señor es el verdadero Dios, síganlo
a él, y si Baal lo es, a él deberán
seguirlo.

El pueblo no respondió palabra. Y
Elías continuó diciendo:

—Yo soy el único profeta del
Señor que ha quedado con vida, en
tanto que de Baal hay cuatrocientos
cincuenta profetas. Pues bien, que se
nos den dos becerros, y que ellos
escojan uno, y lo descuarticen y lo
pongan sobre la leña, pero que no le
prendan fuego. Yo, por mi parte,
preparé el otro becerro y lo pondré
sobre la leña, pero tampoco le
prenderé fuego. Luego ustedes
invocarán a sus dioses, y yo

invocaré al Señor, ¡y el dios que responda enviando fuego, ese es el Dios verdadero!

—¡Buena propuesta! —respondió todo el pueblo.

¡El Señor es Dios!

1 Reyes 18.25–40a

Entonces Elías dijo a los profetas de Baal:

—Escojan uno de los becerros, y prepárenlo primero, ya que ustedes son muchos. Luego invoquen a su dios, pero no enciendan fuego.

Así pues, ellos tomaron el becerro que se les entregó, y lo prepararon, y desde la mañana hasta el mediodía invocaron a Baal. Decían: "¡Contéstanos, Baal!", y daban pequeños brincos alrededor del altar que habían construido, pero ninguna voz les respondía. Hacia el mediodía, Elías se burlaba de ellos diciéndoles:

—Griten más fuerte, porque es un dios. A lo mejor está ocupado, o está haciendo sus necesidades, o ha salido de viaje. ¡Tal vez esté dormido y haya que despertarlo!

Ellos seguían gritando y cortándose con cuchillos y lancetas, como tenían por costumbre, hasta quedar bañados en sangre. Pero pasó el mediodía, y aunque ellos continuaron gritando y saltando como locos hasta la hora de ofrecer el sacrificio, no hubo ninguna respuesta. ¡Nadie contestó ni escuchó! Entonces Elías dijo a toda la gente:

—Acérquense a mí.

Toda la gente se acercó a él, y él se puso a reparar el altar del Señor, que estaba derrumbado. Tomó doce piedras, conforme al número de las tribus de los hijos de Jacob, a quien el Señor dijo que se llamaría Israel, y construyó con ellas un altar al Señor; hizo luego una zanja alrededor del altar, donde cabrían unos veinte litros de grano, y tras acomodar la leña, descuartizó el becerro y lo puso sobre ella. Luego dijo:

—Llenen cuatro cántaros de agua, y vacíenlos sobre el holocausto y la leña.

Luego mandó que lo hicieran por segunda y tercera vez, y así lo hicieron ellos. El agua corría alrededor del altar, y también llenó la zanja. A la hora de ofrecer el holocausto, el profeta Elías se acercó y exclamó: ''¡Señor, Dios de Abraham, Isaac e Israel: haz que hoy se sepa que tú eres el Dios de Israel, y que yo soy tu siervo, y que hago todo esto porque me lo has mandado! ¡Respóndeme, Señor; respóndeme, para que esta gente sepa que tú eres Dios, y que los invitas a volverse de nuevo a ti!''

En aquel momento, el fuego del Señor cayó y quemó el holocausto, la leña y hasta las piedras y el polvo, y consumió el agua que había en la zanja. Al ver esto, toda la gente se inclinó hasta tocar el suelo con la frente, y dijo: ''¡El Señor es Dios, el Señor es Dios!''

Entonces Elías les dijo:

—¡Atrapen a los profetas de Baal! ¡Que no escape ninguno!

Elías es llevado al cielo

2 Reyes 2.1,7,9–12a

Cuando llegó el momento en que el Señor iba a llevarse a Elías al cielo en un torbellino, Elías y Eliseo salieron de Guilgal. Pero cincuenta profetas llegaron y se detuvieron a cierta distancia, frente a ellos; Elías y Eliseo, por su parte, se detuvieron a la orilla del río Jordán. En cuanto cruzaron, dijo Elías a Eliseo:

—Dime qué quieres que haga por ti antes que sea yo separado de tu lado.

Eliseo respondió:

—Quiero recibir una doble porción de tu espíritu.

—No es poco lo que pides —dijo Elías—. Pero si logras verme cuando sea yo separado de ti, te será concedido. De lo contrario, no se te concederá.

Y mientras ellos iban caminando y hablando, de pronto apareció un carro de fuego, con caballos también de fuego, que los separó, y Elías subió al cielo en un torbellino. Al ver esto, Eliseo gritó: "¡Padre mío, padre mío, que has sido para Israel como un poderoso ejército!"

Después de esto no volvió a ver a Elías.

Eliseo cruza el río Jordán

2 Reyes 2.12b–18

Entonces Eliseo tomó su ropa y la rasgó en dos. Luego recogió la capa que se le había caído a Elías, y regresó al Jordán y se detuvo en la orilla. Acto seguido, golpeó el agua con la capa, y exclamó: "¿Dónde está el Señor, el Dios de Elías?"

Apenas había golpeado el agua,

cuando esta se hizo a uno y otro lado, y Eliseo volvió a cruzar el río. Los profetas de Jericó, que estaban enfrente, dijeron al verlo: "¡El espíritu de Elías reposa ahora en Eliseo!"

Fueron entonces a su encuentro, e inclinándose ante él le dijeron:

—Mira, entre nosotros, tus servidores, hay cincuenta valientes. Deja que vayan en busca de tu maestro, no sea que el espíritu de Dios lo haya alzado y arrojado sobre alguna montaña o en algún valle.

Pero él dijo:

—No, no manden ustedes a nadie.

Sin embargo, fue tanta la insistencia de ellos que al fin los dejó que mandaran a aquellos cincuenta hombres, los cuales estuvieron buscando a Elías durante tres días, pero no lo encontraron. Entonces regresaron a Jericó, donde se había quedado Eliseo, y este les dijo:

—Yo les advertí que no fueran.

167

Eliseo ayuda a una viuda

2 Reyes 4.1–7

Cierta mujer, que había sido esposa de uno de los profetas, fue a quejarse a Eliseo, diciéndole:

—Mi marido ha muerto, y usted sabe que él honraba al Señor. Ahora el prestamista ha venido y quiere llevarse a mis dos hijos como esclavos.

Eliseo le preguntó:

—¿Qué puedo hacer por ti? Dime qué tienes en casa.

Ella le contestó:

—Esta servidora de usted no tiene nada en casa, excepto un jarrito de aceite.

Entonces Eliseo le dijo:

—Pues ve ahora y pide prestados a tus vecinos algunos jarros, ¡todos los jarros vacíos que puedas conseguir! Luego métete en tu casa con tus hijos, cierra la puerta y ve llenando de aceite todos los jarros y poniendo aparte los llenos.

La mujer se despidió de Eliseo y se encerró con sus hijos. Entonces empezó a llenar los jarros que ellos le iban llevando. Y cuando todos los jarros estuvieron llenos, le ordenó a uno de ellos:

—Tráeme otro jarro más.

Pero su hijo le respondió:

—No hay más jarros.

En ese momento el aceite dejó de correr. Después fue ella y se lo contó al profeta, y este le dijo:

—Ve ahora a vender el aceite, y paga tu deuda. Con el resto podrán vivir tú y tus hijos.

168

Jonás huye de Dios

Jonás 1.1–15

El Señor se dirigió a Jonás, hijo de Amitai, y le dijo: "Anda, vete a la gran ciudad de Nínive y anuncia que voy a destruirla, porque hasta mí ha llegado la noticia de su maldad."

Pero Jonás, en lugar de obedecer, trató de huir del Señor, y se fue al puerto de Jope, donde encontró un barco que estaba a punto de salir para Tarsis; entonces compró pasaje y se embarcó para ir allá. Pero el Señor hizo que soplara un viento muy fuerte, y se levantó en alta mar una tempestad tan violenta que parecía que el barco iba a hacerse pedazos. Los marineros estaban llenos de miedo, y cada uno invocaba a su dios. Por fin, para aligerar el barco, echaron toda la carga al mar. Jonás, mientras tanto, había bajado a la bodega del barco, y allí se había quedado profundamente dormido. Entonces el capitán fue a donde estaba Jonás, y le dijo:

—¿Qué haces tú ahí, dormilón? ¡Levántate y clama a tu Dios! Tal vez quiera ocuparse de nosotros y nos ponga a salvo.

Entre tanto, los marineros se decían unos a otros:

—Vamos a echar suertes, para ver quién tiene la culpa de esta desgracia.

Echaron, pues, suertes, y Jonás resultó ser el culpable. Entonces le dijeron:

—Dinos por qué nos ha venido esta desgracia. ¿Qué negocio te ha traído aquí? ¿De dónde vienes? ¿Cuál es tu país? ¿De qué raza eres?

169

Jonás les contestó:

—Soy hebreo, y rindo culto al Señor, el Dios del cielo, creador del mar y de la tierra.

Jonás contó a los marineros que él estaba huyendo del Señor, y ellos, al oírlo y al ver que el mar se agitaba más y más, sintieron mucho miedo y le preguntaron:

—¿Por qué has hecho esto? ¿Qué podemos hacer contigo para que el mar se calme?

—Pues échenme al mar, y el mar se calmará —contestó Jonás—. Yo sé bien que soy el culpable de que esta tremenda tempestad se les haya venido encima.

Los marineros se pusieron a remar con todas sus fuerzas para acercarse a tierra, pero no lo lograron, porque el mar se embravecía cada vez más. Entonces clamaron al Señor y dijeron: "Señor, no nos dejes morir por culpa de este hombre. Y si es inocente, no nos hagas responsables de su muerte, porque tú, Señor, actúas según tu voluntad."

Dicho esto, echaron a Jonás al mar, y el mar se calmó.

Un enorme pez

Jonás 1.17— 2.10

Entre tanto, el Señor había dispuesto un enorme pez para que se tragara a Jonás. Y Jonás pasó tres días y tres noches dentro del pez.

Entonces Jonás oró al Señor su Dios desde dentro del pez, diciendo:

"En mi angustia clamé a ti,
    Señor,
y tú me respondiste.
Desde las profundidades
    de la muerte
clamé a ti, y tú me oíste.

Me arrojaste a lo más hondo
   del mar,
y las corrientes me envolvieron.
Las grandes olas que tú mandas
pasaban sobre mí.
Llegué a sentirme echado
   de tu presencia;
pensé que no volvería
   a ver tu santo templo.
Las aguas me rodeaban
   por completo;
me cubría el mar profundo;
las algas se enredaban
   en mi cabeza.
Me hundí hasta el fondo
   de la tierra;
¡ya me sentía
   su eterno prisionero!
Pero tú, Señor, mi Dios,
me salvaste de la muerte.
Al sentir que la vida se me iba,
me acordé de ti, Señor;
mi oración llegó a ti
   en tu santo templo.
Los que siguen a los ídolos
dejan de serte leales;

pero yo, con voz de gratitud,
te ofreceré sacrificios;
cumpliré las promesas
   que te hice.
¡Solo tú, Señor, puedes salvar!''

Entonces el Señor dispuso que el
pez vomitara a Jonás en tierra firme.

Jonás en Nínive

Jonás 3.1–10

El Señor se dirigió por segunda vez
a Jonás, y le dijo: "Anda, vete a la
gran ciudad de Nínive y anuncia lo
que te voy a decir."

Jonás se puso en marcha y fue a
Nínive, como el Señor se lo había
ordenado. Nínive era una ciudad tan
grande que para recorrerla toda
había que caminar tres días. Jonás
entró en la ciudad y caminó todo un
día, diciendo a grandes voces:
"¡Dentro de cuarenta días Nínive
será destruida!"

Los habitantes de la ciudad,
grandes y pequeños, creyeron en

Dios, proclamaron ayuno y se pusieron ropas ásperas en señal de dolor. Cuando la noticia llegó al rey de Nínive, también él se levantó de su trono, se quitó sus vestiduras reales, se puso ropas ásperas y se sentó en el suelo. Luego, el rey y sus ministros dieron a conocer por toda la ciudad el siguiente decreto: "Que nadie tome ningún alimento. Que tampoco se dé de comer ni de beber al ganado y a los rebaños. Al contrario, vístanse todos con ropas ásperas en señal de dolor, y clamen a Dios con todas sus fuerzas. Deje cada uno su mala conducta y la violencia que ha estado cometiendo hasta ahora; tal vez Dios cambie de parecer y se calme su ira, y así no moriremos."

Dios vio lo que hacía la gente de Nínive y cómo dejaba su mala conducta, y decidió no hacerles el daño que les había anunciado.

173

Jonás se enoja porque Dios es bueno

Jonás 4.1–11

A Jonás le cayó muy mal lo que Dios había hecho, y se disgustó mucho. Así que oró al Señor, y le dijo:

—Mira, Señor, esto es lo que yo decía que iba a pasar cuando aún me encontraba en mi tierra. Por eso quise huir de prisa a Tarsis, pues yo sé que tú eres un Dios tierno y compasivo, que no te enojas fácilmente, y que es tanto tu amor que anuncias un castigo y luego te arrepientes. Por eso, Señor, te ruego que me quites la vida. Más me vale morir que seguir viviendo.

Pero el Señor le contestó:

—¿Te parece bien enojarte así?

Jonás salió de la ciudad y acampó al oriente de ella; allí hizo una enramada y se sentó a su sombra, esperando a ver lo que le iba a pasar a la ciudad. Dios el Señor dispuso entonces que una mata de ricino creciera por encima de Jonás, y que su sombra le cubriera la cabeza para que se sintiera mejor. Jonás estaba muy contento con aquella mata de ricino. Pero, al amanecer del día siguiente, Dios dispuso que un gusano picara el ricino, y este se secó. Cuando el sol salió, Dios dispuso que soplara un viento caliente del este, y como el sol le daba a Jonás directamente en la cabeza, él sintió que se desmayaba, y quería morirse.

—Más me vale morir que seguir viviendo —decía.

Pero Dios le contestó:

—¿Te parece bien enojarte así porque se haya secado la mata de ricino?

—¡Claro que me parece bien! —respondió Jonás—. ¡Estoy que me muero de rabia!

Entonces el Señor le dijo:

—Tú no sembraste la mata de ricino, ni la hiciste crecer; en una noche nació, y a la otra se murió. Sin embargo le tienes compasión. Pues con mayor razón debo yo tener compasión de Nínive, esa gran ciudad donde hay más de ciento veinte mil niños inocentes y muchos animales.

La toma de Jerusalén

2 Crónicas 36.11–21

[Después de David y Salomón hubo muchos reyes en Israel, el último de ellos fue Sedequías.]

Sedequías tenía veintiún años cuando comenzó a reinar, y reinó once años en Jerusalén. Pero sus hechos fueron malos a los ojos de su Dios. No se humilló ante el profeta Jeremías, que le hablaba de parte del Señor. Además se rebeló contra el rey Nabucodonosor, quien le había hecho jurar por Dios que sería su aliado, y se empeñó tercamente en no volverse al Señor, Dios de Israel.

También todos los jefes de Judá, los sacerdotes y el pueblo extremaron su infidelidad, siguiendo las prácticas infames de las naciones paganas y profanando el templo del Señor que él había escogido como su santuario en Jerusalén. El Señor, Dios de sus antepasados, les envió

constantes advertencias por medio de sus mensajeros, porque tenía compasión de su pueblo y de su lugar de residencia. Pero ellos se rieron de los mensajeros de Dios, despreciaron sus avisos y se burlaron de sus profetas, hasta que la ira del Señor estalló contra su pueblo de modo que ya no hubo remedio.

Entonces el Señor hizo marchar contra ellos al rey de los caldeos, que pasó a cuchillo a sus jóvenes en el propio edificio del templo y no tuvo piedad de los jóvenes ni de las muchachas, de los ancianos ni de los inválidos. A todos los entregó el Señor en sus manos. Todos los utensilios del templo de Dios, grandes y pequeños, y los tesoros del templo, del rey y de sus funcionarios, todo se lo llevó el rey de los caldeos a Babilonia. Además quemaron el templo de Dios, derribaron la muralla de Jerusalén, prendieron fuego a sus palacios y destruyeron todo lo que había de valor.

Después desterró a Babilonia a los sobrevivientes de la matanza, donde se convirtieron en esclavos suyos y de sus hijos hasta que se estableció el imperio persa, para que se cumpliera lo que Dios había dicho por medio del profeta Jeremías. Así el país debía disfrutar de su reposo; porque descansó todo el tiempo que estuvo en ruinas, hasta que pasaron setenta años.

Los jóvenes israelitas en la corte de Nabucodonosor

Daniel 1.3–7

[En el tiempo del destierro en Babilonia, el rey Nabucodonosor] ordenó a Aspenaz, jefe del servicio de palacio, que de entre los israelitas de familia real y de familias distinguidas trajera jóvenes bien parecidos, sin ningún defecto físico, cultos e inteligentes, entendidos en todos los campos del saber y aptos para servir en el palacio real. A ellos se les enseñaría el lenguaje y la literatura de los caldeos. Nabucodonosor ordenó también que a esos jóvenes se les diera todos los días de los mismos alimentos y vinos que a él le servían, y que los educaran durante tres años, al cabo de los cuales quedarían a su servicio.

Entre estos jóvenes estaban Daniel, Ananías, Misael y Azarías, de la tribu de Judá, a quienes el jefe del servicio de palacio les cambió de nombre: a Daniel le puso Beltsasar; a Ananías, Sadrac; a Misael, Mesac; y a Azarías, Abed-nego.

Daniel

Daniel 1.8–16

Daniel se propuso no contaminarse con la comida y el vino del rey, y pidió al jefe del servicio de palacio que no le obligara a contaminarse con tales alimentos. Por obra de Dios, el jefe del servicio de palacio vio con buenos ojos a Daniel, pero le dijo:

—Tengo miedo de mi señor, el rey. Él me ha dicho lo que ustedes deben comer y beber, y si los ve con peor aspecto que los otros jóvenes, serán ustedes la causa de que el rey me condene a muerte.

Daniel habló entonces con el mayordomo a quien el jefe del servicio de palacio había encargado el cuidado de Daniel, Ananías, Misael y Azarías, y le dijo:

—Ruego a usted que haga una prueba con estos servidores suyos: ordene usted que durante diez días nos den de comer solamente legumbres, y de beber solamente agua. Pasado ese tiempo, compare usted nuestro aspecto con el de los jóvenes alimentados con la misma comida que se sirve al rey, y haga entonces con nosotros según lo que vea.

El mayordomo estuvo de acuerdo, y durante diez días hizo la prueba con ellos. Pasados los diez días, el aspecto de ellos era más sano y más fuerte que el de todos los jóvenes que comían de la comida del rey. Así pues, el mayordomo se llevaba la comida y el vino que ellos tenían que comer y beber, y les servía legumbres.

Al servicio del rey

Daniel 1.18–21

Al cumplirse el plazo que el rey había señalado para que le fueran presentados los jóvenes, el jefe del servicio de palacio los llevó a su presencia. El rey habló con ellos y, entre todos los jóvenes, no encontró ni uno solo que pudiera compararse con Daniel, Ananías, Misael y Azarías, quienes, por lo tanto, quedaron al servicio del rey. En todos los asuntos que requerían sabiduría e inteligencia, y sobre los

cuales les preguntó el rey, los encontró diez veces más sabios que todos los magos y adivinos que había en su reino. Y Daniel se quedó allí hasta el primer año del reinado de Ciro.

El sueño del rey Nabucodonosor

Daniel 2.1–13

Durante el segundo año de su reinado, Nabucodonosor tuvo varios sueños, y por causa de ellos llegó a estar tan preocupado que no podía dormir. Entonces mandó llamar a magos, adivinos, hechiceros y sabios, para que le explicaran aquellos sueños. Ellos fueron y se presentaron ante el rey, el cual les dijo:

—He tenido un sueño y estoy muy preocupado tratando de comprenderlo.

Y los sabios dijeron al rey, en arameo:

—¡Que viva Su Majestad para siempre! Cuente Su Majestad a estos servidores suyos lo que ha soñado, y nosotros le explicaremos lo que significa.

—Esta es mi decisión —contestó el rey—: Si no me dicen ustedes qué es lo que soñé y lo que significa, serán hechos pedazos y sus casas serán convertidas en un montón de escombros. Pero si me dicen lo que soñé y lo que mi sueño significa, recibirán regalos de mi parte, y favores y grandes honores. Así pues, díganme qué fue lo que soñé, y explíquenme su significado.

Los sabios respondieron por segunda vez:

—Cuéntenos Su Majestad lo que soñó, y nosotros le explicaremos el significado.

—Sé muy bien —contestó el rey— que ustedes quieren ganar tiempo, porque han oído mi decisión. Por lo tanto, si no me dicen lo que soñé, todos ustedes sufrirán la misma sentencia, pues se han puesto de acuerdo para darme como respuesta mentiras y falsedades, en espera de que cambie la situación. Díganme, pues, el sueño, y así sabré que también pueden explicarme su significado.

—No hay nadie en el mundo —respondieron los sabios— que pueda decir lo que Su Majestad desea saber. Por otra parte, jamás ningún rey, por grande y poderoso que haya sido, ha pedido semejante cosa a ningún mago, adivino o sabio. Lo que Su Majestad pide es tan difícil que no hay nadie que se lo pueda decir, a no ser los dioses; ¡pero ellos no viven entre los hombres!

Al oír esto, el rey se puso furioso y ordenó matar a todos los sabios de Babilonia. Una vez publicada la orden, buscaron también a Daniel y a sus compañeros para quitarles la vida.

Dios revela a Daniel el sueño de Nabucodonosor

Daniel 2.19a,24–25a,26–28,31–37, 38b–40a,41a,44–45,47–48

Aquella noche el misterio le fue revelado a Daniel en una visión.

Después de esto, Daniel fue a ver a Arioc, a quien el rey había ordenado matar a los sabios de Babilonia, y le dijo:

—No mates a los sabios. Llévame ante el rey, y yo le explicaré todo su sueño.

En seguida Arioc llevó a Daniel ante el rey Nabucodonosor.

Entonces el rey le dijo a Daniel, a quien llamaban Beltsasar:

—¿Puedes tú decirme lo que soñé, y lo que mi sueño significa?

Daniel respondió:

—No hay ningún sabio ni adivino, ni mago ni astrólogo, que pueda explicar a Su Majestad el misterio que desea conocer. Pero hay un Dios en el cielo que revela los misterios, y él ha hecho saber a Su Majestad lo que va a pasar en el futuro. Voy a explicarle a Su Majestad el sueño y las visiones que ha tenido mientras dormía:

"En el sueño, Su Majestad veía que en su presencia se levantaba una estatua muy grande y brillante, y de aspecto terrible. La cabeza de la estatua era de oro puro; el pecho y los brazos, de plata; el vientre y los muslos, de bronce; las piernas, de hierro; y una parte de los pies era de hierro, y la otra de barro. Mientras Su Majestad la estaba mirando, de un monte se desprendió una piedra, sin que nadie la empujara, y vino a dar contra los pies de la estatua y los destrozó. En un momento, el hierro, el barro, el bronce, la plata y el oro quedaron todos convertidos en polvo, como el que se ve en verano cuando se trilla el trigo, y el viento se lo llevó sin dejar el menor rastro. Pero la piedra que dio contra la estatua se convirtió en una gran montaña que ocupó toda la tierra.

"Este es el sueño. Y ahora voy a explicar a Su Majestad lo que el sueño significa. Su Majestad es el más grande de todos los reyes, porque el Dios del cielo le ha dado el reino, el poder, la fuerza, el honor; él lo ha puesto todo bajo el poder de Su Majestad, que es la cabeza de oro. Después del reino de Su Majestad habrá otro reino inferior al suyo, y luego un tercer reino de bronce, que dominará sobre toda la tierra. Vendrá después un cuarto reino, fuerte como el hierro; y así como el hierro lo destroza todo y lo destruye.

"Su Majestad vio también que una parte de los pies y de los dedos era de barro, y la otra, de hierro; esto quiere decir que será un reino dividido, aunque con algo de la fortaleza del hierro. Durante el gobierno de estos reyes, el Dios del cielo establecerá un reino que jamás será destruido ni dominado por ninguna otra nación, sino que acabará por completo con todos los demás reinos, y durará para siempre. Eso es lo que significa la piedra que Su Majestad vio desprenderse del monte, sin que nadie la hubiera empujado; piedra que convirtió en polvo el hierro, el bronce, el barro, la plata y el oro. El gran Dios ha revelado a Su Majestad lo que va a pasar en el futuro. El sueño es verdadero, y su interpretación, cierta."

Después [Nabucodonosor] le dijo a Daniel:

—Verdaderamente el Dios de ustedes es el más grande de todos los dioses; es el Señor de los reyes y el que revela los misterios, pues tú has podido descubrir este misterio.

Luego el rey puso a Daniel en un alto puesto y le hizo muchos y espléndidos regalos; además lo nombró gobernador de la provincia de Babilonia y jefe supremo de todos los sabios de aquella nación.

Los tres jóvenes en el horno de fuego

Daniel 3.1a,6,8,12b–13a,16–20,22b–26, 27b–28a

El rey Nabucodonosor mandó hacer una estatua de oro, que tenía treinta metros de alto por tres de ancho, y ordenó: "Todo aquel que no se arrodille y adore a la estatua, será arrojado inmediatamente a un horno encendido."

Unos caldeos aprovecharon esta oportunidad para acusar a los judíos ante el rey Nabucodonosor:

—Hay unos judíos, a quienes Su Majestad puso al frente de la administración de la provincia de Babilonia, que no guardan el menor respeto por Su Majestad, ni adoran a los dioses ni a la estatua de oro que Su Majestad ha mandado levantar. Ellos son Sadrac, Mesac y Abed–negó.

Nabucodonosor se puso muy furioso, y mandó que llevaran ante él a Sadrac, Mesac y Abed–negó. [Después de escuchar al rey, ellos respondieron:]

—No tenemos por qué discutir este asunto —contestaron los tres jóvenes—. Nuestro Dios, a quien adoramos, puede librarnos de las llamas del horno y de todo el mal que Su Majestad quiere hacernos, y nos librará. Pero, aun si no lo hiciera, sepa bien

Su Majestad que no adoraremos a sus dioses ni nos arrodillaremos ante la estatua de oro.

Al oír Nabucodonosor estas palabras, la cara se le puso roja de rabia contra los tres jóvenes. Entonces ordenó que se calentara el horno siete veces más de lo acostumbrado; luego mandó que algunos de los soldados más fuertes de su ejército ataran a Sadrac, Mesac y Abed–negó, y que los arrojaran a las llamas del horno. El horno estaba muy encendido, las llamas alcanzaron y mataron a los soldados que habían arrojado en él a los tres jóvenes, los cuales cayeron atados dentro del horno.

Entonces Nabucodonosor se levantó rápidamente, y muy asombrado dijo a los consejeros de su gobierno:

—¿No arrojamos al fuego a tres hombres atados?

—Así es —le respondieron.

—Pues yo veo cuatro hombres desatados, que caminan en medio del fuego sin que les pase nada, y el cuarto hombre tiene el aspecto de un ángel.

Y diciendo esto, Nabucodonosor se acercó a la boca del horno y gritó:

—¡Sadrac, Mesac y Abed–negó, siervos del Dios altísimo, salgan y vengan aquí!

Los tres salieron de entre las llamas y [los que estaban allí presentes] comprobaron que ni un pelo de la cabeza se les había chamuscado ni sus vestidos se habían estropeado, y que ni siquiera olían a quemado.

En ese momento Nabucodonosor exclamó: "¡Alabado sea el Dios de Sadrac, Mesac y Abed-negó, que envió a su ángel para salvar a sus siervos fieles!"

El banquete del rey Belsasar

Daniel 5.1-3a,4–10,12c

Belsasar, rey de Babilonia, invitó a un gran banquete a mil de las altas personalidades de la nación; y, durante la comida, el rey y sus invitados bebieron mucho vino. El rey Belsasar mandó traer las copas y tazones de oro y plata que su padre Nabucodonosor se había llevado del templo de Jerusalén. Las copas y tazones fueron traídos, y todos bebían vino y alababan a sus ídolos, hechos de oro, plata, bronce, hierro, madera y piedra.

En aquel momento apareció una mano de hombre que, a la luz de los candiles, comenzó a escribir con el dedo sobre la pared blanca de la sala. Al ver el rey la mano que escribía, se puso pálido y, del miedo que le entró, comenzó a temblar de pies a cabeza. Luego se puso a gritar y llamar a los adivinos, sabios y astrólogos de Babilonia, y les dijo:

—El que lea lo que ahí está escrito, y me explique lo que quiere decir, será vestido con ropas de púrpura, llevará una cadena de oro en el cuello y ocupará el tercer lugar en el gobierno de mi reino.

Todos los sabios que estaban al servicio del rey entraron en la sala, pero nadie pudo entender el significado de lo escrito ni explicárselo al rey. Entonces le entró

tanto miedo al rey Belsasar, que su cara se puso completamente pálida. Las personalidades del gobierno no sabían qué hacer, pero la reina madre, atraída por los gritos de su hijo el rey y de los grandes personajes invitados, entró en la sala del banquete y dijo:

—¡Que viva Su Majestad para siempre! Y no se preocupe ni se ponga pálido. Llame Su Majestad a Daniel, y él le dará a conocer el significado de lo que está escrito en la pared.

Las palabras en la pared

Daniel 5.13a,23b–31

Daniel fue llevado ante el rey, [y le dijo:]

—Su Majestad se ha burlado del Señor del cielo mandando traerse a la mesa las copas y tazones del

templo, y, junto con sus invitados, ha bebido vino en ellos y ha dado alabanza a dioses hechos de oro, plata, bronce, hierro, madera y piedra; dioses que no ven, ni oyen, ni saben nada. En cambio, no ha alabado al Dios en cuyas manos está la vida de Su Majestad y de quien depende todo lo que haga. Por eso, él envió la mano que escribió esas palabras, MENÉ, MENÉ, TEKEL y PARSÍN, las cuales significan lo siguiente: MENÉ: Dios ha medido los días del reinado de Su Majestad, y le ha señalado su fin; TEKEL: Su Majestad ha sido pesado en la balanza, y pesa menos de lo debido; PARSÍN: el reino de Su Majestad ha sido dividido, y será entregado a medos y persas.''

En seguida el rey Belsasar ordenó que vistieran a Daniel con ropas de púrpura y que le pusieran una cadena de oro en el cuello, y

comunicó a todos que, desde ese mismo instante, Daniel ocuparía el tercer lugar en el gobierno del reino.

Aquella misma noche mataron a Belsasar, rey de los caldeos, y Darío de Media se apoderó del reino. Darío tenía entonces sesenta y dos años de edad.

Daniel en la cueva de los leones

Daniel 6.1–2, 4–6a, 7b, 9–12a, 13b, 16–17a, 18–23a, 24, 28

El rey Darío decidió nombrar ciento veinte gobernadores regionales para que se encargaran de las distintas partes del reino. Al frente de ellos puso tres supervisores, para que vigilaran la administración de los gobernadores, con el fin de que el rey no saliera perjudicado en nada. Uno de los supervisores era Daniel. Los supervisores y gobernadores buscaron entonces un motivo para acusarlo de mala administración del

reino, pero como Daniel era un hombre honrado, no le encontraron ninguna falta; por lo tanto no pudieron presentar ningún cargo contra él. Sin embargo, siguieron pensando en el asunto, y dijeron: "No encontraremos ningún motivo para acusar a Daniel, a no ser algo que tenga que ver con su religión."

Así pues, los supervisores y gobernadores se pusieron de acuerdo para ir a hablar con el rey Darío, y le dijeron:

—[Ordene] que, durante treinta días, nadie dirija una súplica a ningún dios ni hombre, sino solo a Su Majestad. El que no obedezca, deberá ser arrojado al foso de los leones.

Ante esto, el rey Darío firmó el decreto. Y cuando Daniel supo que el decreto había sido firmado, se fue a su casa, abrió las ventanas de su dormitorio, el cual estaba orientado hacia Jerusalén, y se arrodilló para orar y alabar a Dios. Esto lo hacía tres veces al día, tal como siempre lo había hecho. Entonces aquellos hombres entraron juntos en la casa de Daniel, y lo encontraron orando y alabando a su Dios. En seguida fueron a ver al rey para hablarle del decreto, y le dijeron:

—Daniel, uno de esos judíos desterrados, no muestra ningún respeto por Su Majestad ni por el decreto publicado, ya que lo hemos visto hacer su oración tres veces al día.

Entonces el rey ordenó que trajeran a Daniel y lo echaran al foso de los leones. Pero antes que se cumpliera la sentencia, el rey le dijo a Daniel:

—¡Que tu Dios, a quien sirves con tanta fidelidad, te salve!

En cuanto Daniel estuvo en el foso, trajeron una piedra y la pusieron sobre la boca del foso, y el rey la selló con su sello real y con el sello de las altas personalidades de su gobierno. Después el rey se fue a su palacio y se acostó sin cenar y sin entregarse a sus distracciones habituales; además, no pudo dormir en toda la noche. Tan pronto como amaneció, se levantó y fue a toda prisa al foso de los leones. Cuando el rey estuvo cerca, llamó con voz triste a Daniel, diciendo:

—Daniel, siervo del Dios viviente, ¿pudo tu Dios, a quien sirves con tanta fidelidad, librarte de los leones?

Y Daniel le respondió:

—¡Que viva Su Majestad para siempre! Mi Dios envió su ángel, el cual cerró la boca de los leones para que no me hicieran ningún daño, pues Dios sabe que soy inocente y que no he hecho nada malo contra Su Majestad.

Entonces el rey se alegró mucho y ordenó que sacaran del foso a Daniel. Después, por orden del rey, fueron traídos los hombres que habían acusado a Daniel, y junto con sus mujeres y sus hijos fueron echados al foso de los leones; y aún no habían llegado al fondo cuando ya los leones se habían lanzado sobre ellos y los habían despedazado.

Y Daniel siguió siendo una alta personalidad del gobierno en el reinado de Darío, y también en el reinado de Ciro, rey de Persia.

Banquete del rey Asuero

Ester 1.1–2,3a,4–6a,6c–7

Esta historia tuvo lugar en el tiempo en que Asuero reinaba sobre un imperio de ciento veintisiete provincias, que se extendía desde la India hasta Etiopía, y que tenía establecido su gobierno central en la ciudadela de Susa.

En el tercer año de su reinado, el rey Asuero dio una fiesta, con el fin de mostrar la riqueza y grandeza de su reino y el extraordinario esplendor de su poderío. La fiesta duró medio año, al cabo del cual el rey dio otra fiesta que duró siete días, en el patio del jardín del palacio real. Todos los que vivían en la ciudadela de Susa, tanto los más importantes como los menos importantes, fueron invitados. El patio estaba adornado con finas cortinas blancas y azules. También habían puesto divanes de oro y plata, y el suelo estaba embaldosado con piedras finas, nácar y mármol blanco y negro. Las bebidas se servían en copas de oro, cada una de ellas de diferente forma, y el vino corría en abundancia, como corresponde a la generosidad de un rey.

La excusa de la reina Vasti

Ester 1.10a,11–13a,16b–17a,19a,19c,21

En el séptimo día de fiesta, el rey estaba muy alegre debido al vino, y mandó que llevaran a su presencia a la reina Vasti luciendo la corona real, para que el pueblo y los grandes personajes pudieran admirar la belleza de la reina, pues realmente era muy hermosa. Pero la reina se

negó a cumplir la orden que el rey le había dado por medio de sus hombres de confianza. Entonces el rey se enojó mucho. Lleno de ira, consultó a los entendidos en cuestiones de leyes.

Memucán respondió al rey:

—La reina Vasti no solamente ha ofendido a Su Majestad, sino también a todas las autoridades y a toda la población de las provincias del rey Asuero. Lo que ha hecho la reina lo van a saber todas las mujeres, y eso va a ser la causa de que ellas pierdan el respeto a sus maridos. Por lo tanto, si a Su Majestad le parece bien, que se dé a conocer el siguiente decreto real: 'La reina Vasti no podrá presentarse nunca más delante del rey.' Y que el título de reina le sea dado a otra mujer más digna.

La idea de Memucán les pareció bien al rey y a los miembros del consejo real, y el rey la puso en práctica.

Ester es elegida reina

Ester 2.1–2,4a,7a,7c,8a,8c,12,15a,17

Después de algún tiempo, el rey Asuero, con el ánimo ya calmado, se acordó de Vasti, de lo que ella había

hecho y del decreto promulgado contra ella. Entonces los funcionarios de su gobierno le dijeron:

—Es necesario que se busquen para el rey jóvenes vírgenes y bellas. La joven que más le guste al rey sea nombrada reina y ocupe el lugar de Vasti.

La idea le agradó al rey.

Mardoqueo [un hombre judío] tenía una prima, huérfana de padre y madre, que él había adoptado como hija. Se llamaba Hadasá, o Ester, y era muy bella y de hermoso porte. Cuando el edicto del rey se publicó y muchas jóvenes fueron reunidas en Susa, entre ellas estaba Ester.

Todas aquellas jóvenes eran sometidas a un tratamiento de belleza durante doce meses. Los primeros seis meses se untaban el cuerpo con aceite de mirra, y los seis meses restantes con perfumes y cremas de los que usan las mujeres. Terminado el tratamiento, cada una de las jóvenes se presentaba por turno ante el rey Asuero.

Cuando a Ester, hija de Abihail, tío de Mardoqueo, le tocó presentarse ante el rey, se había ganado ya la simpatía de todos los que la trataban. Y Asuero se enamoró de Ester como nunca se había enamorado de ninguna otra mujer, y de tal manera se ganó ella el cariño de Asuero, que este la favoreció más que a todas las otras jóvenes que habían estado con él, y le puso la corona real en la cabeza y la nombró reina en lugar de Vasti.

Amán hace planes para acabar con los judíos

Ester 3.1a,1c,2-4a,5–6,8a,9,11,12a,13,15

Algún tiempo después, el rey Asuero elevó a Amán, al cargo de jefe de gobierno de la nación. Todos los que servían al rey en su palacio, se ponían de rodillas e inclinaban la cabeza cuando Amán pasaba o cuando estaban delante de él, porque así lo había mandado el rey; pero Mardoqueo [que ocupaba un cargo en el gobierno] no quiso obedecer esta orden.

Entonces los funcionarios del rey preguntaron a Mardoqueo por qué no cumplía la orden dada por el rey. Y todos los días le preguntaban lo mismo, pero él no les hacía caso. Entonces fueron a contárselo a Amán. Y cuando Amán comprobó que Mardoqueo no se arrodillaba ni inclinaba la cabeza cuando él pasaba, se llenó de indignación; pero como ya le habían dicho de qué raza era Mardoqueo, le pareció que no bastaría con castigarlo solo a él, y empezó a pensar en cómo acabar con todos los judíos que vivían en el reino de Asuero. Entonces dijo Amán al rey Asuero:

—Entre todos los pueblos que componen las provincias del reino de Su Majestad, hay uno que vive separado de los demás; tiene leyes distintas de las de otros pueblos, y no cumple las órdenes de Su Majestad. Por lo tanto, si a Su Majestad le parece bien, publíquese un decreto que ordene su exterminio, y yo por mi parte entregaré a los funcionarios de hacienda trescientos treinta mil kilos de plata para el tesoro real. [El rey le contestó:]

—Puedes quedarte con la plata. En cuanto a ese pueblo, haz con él lo que mejor te parezca.

El día trece del primer mes del año fueron llamados los secretarios del rey, los cuales escribieron las órdenes de Amán y enviadas luego por medio de correos a todas las provincias del reino. En ellas se ordenaba destruir por completo, y en un solo día, a todos los judíos, fueran jóvenes o viejos, niños o mujeres, y apoderarse de todos sus bienes. El día señalado era el trece del mes doce, o sea el mes de Adar. Los correos partieron inmediatamente por orden del rey, y el decreto fue publicado en la ciudadela de Susa. Y mientras el rey y Amán se sentaban a brindar, en Susa reinaba la confusión.

Mardoqueo pide ayuda a Ester

Ester 4.8b,11b–15,16c; 5.1–6a,7–9a

[Cuando Mardoqueo supo de ese decreto, pidió] a Ester que hablara personalmente con el rey y le suplicara que interviniera en favor de su pueblo.

[Ester le mandó el siguiente mensaje:] "Hay una ley que condena a muerte a todo hombre o mujer que entre en el patio interior del palacio para ver al rey sin que él lo haya llamado, a no ser que el rey tienda su cetro de oro hacia esa persona en señal de clemencia, y le perdone así la vida. Por lo que a mí toca, hace ya treinta días que no he sido llamada por el rey."

Cuando Mardoqueo recibió la respuesta de Ester, le envió a su vez este mensaje: "No creas que tú, por estar en el palacio real, vas a ser la única judía que salve la vida. Si ahora callas y no dices nada, la liberación de los judíos vendrá de otra parte, pero tú y la familia de tu padre morirán. ¡A lo mejor tú has llegado a ser reina precisamente para ayudarnos en esta situación!"

Entonces Ester envió esta respuesta a Mardoqueo: "Iré a ver

al rey, aunque eso vaya contra la ley. Y si me matan, que me maten.''

Tres días después, Ester se puso las vestiduras reales y entró en el patio interior de palacio, deteniéndose ante la sala en que el rey estaba sentado en su trono. En cuanto el rey vio a la reina Ester en el patio, se mostró cariñoso con ella y extendió hacia ella el cetro de oro que llevaba en la mano. Ester se acercó y tocó el extremo del cetro, y el rey le preguntó:

—¿Qué te pasa, reina Ester? ¿Qué deseas? ¡Aun si me pides la mitad de mi reino, te la concederé!

Y Ester respondió:

—Si le parece bien a Su Majestad, le ruego que asista hoy al banquete que he preparado en su honor, y que traiga también a Amán.

Entonces el rey ordenó:

—Busquen en seguida a Amán, y que se cumpla el deseo de la reina Ester.

Así el rey y Amán fueron al banquete que la reina había preparado. Durante el banquete, el rey dijo a Ester:

—¡Pídeme lo que quieras!

Y Ester contestó:

—Solo deseo y pido esto: que si Su Majestad me tiene cariño y accede a satisfacer mi deseo y a concederme lo que pido, asista mañana, acompañado de Amán, a otro banquete que he preparado en su honor. Entonces haré lo que Su Majestad me pide.

Amán salió del banquete muy contento y satisfecho.

Ester salva a su pueblo

Ester 7.1–6a

El rey y Amán fueron al banquete, y también en este segundo día dijo el rey a Ester durante el banquete:

—¡Pídeme lo que quieras, y te lo concederé, aun si me pides la mitad de mi reino!

Y Ester le respondió:

—Si Su Majestad me tiene cariño, y si le parece bien, lo único que deseo y pido es que Su Majestad me perdone la vida y la de mi pueblo; pues tanto a mi pueblo como a mí se nos ha vendido para ser destruidos por completo. Si hubiéramos sido vendidos como esclavos, yo no diría nada, porque el enemigo no causaría entonces tanto daño a los intereses de Su Majestad.

Entonces Asuero preguntó:

—¿Quién es y dónde está el que ha pensado hacer semejante cosa?

—¡El enemigo y adversario es este malvado Amán! —respondió Ester.

La muerte de Amán

Ester 7.7–8b, 9b, 10; 8.1–2

Asuero se levantó lleno de ira y, abandonando la sala donde estaban celebrando el banquete, salió al jardín del palacio. Pero Amán, al darse cuenta de que el rey había decidido condenarlo a muerte, se quedó en la sala para rogar a la reina Ester que le salvara la vida. Cuando el rey volvió del jardín, vio a Amán de rodillas junto al diván en que estaba recostada Ester, y exclamó:

—¿Acaso quieres también deshonrar a la reina en mi presencia y en mi propia casa?

[Uno de los oficiales de la guardia del rey dijo:]

—En casa de Amán está lista una horca, como de veintidós metros, que él mandó construir para Mardoqueo, el hombre que tan buen informe dio a Su Majestad.

—¡Pues cuélguenlo en ella! —ordenó el rey.

Y así Amán fue colgado en la misma horca que había preparado para Mardoqueo. Con eso se calmó la ira del rey.

Aquel mismo día, el rey Asuero regaló a la reina Ester la casa de Amán, enemigo de los judíos, y Mardoqueo se presentó ante el rey, pues ya Ester le había dicho que Mardoqueo era su primo. Entonces el rey se quitó el anillo que había recobrado de Amán, y se lo dio a Mardoqueo. Ester, por su parte, lo nombró administrador de todos los bienes que habían sido de Amán.

El decreto en favor de los judíos

Ester 8.3a,7–8,10–11a,14,17a

Luego Ester habló nuevamente con el rey y, echándose a sus pies y con lágrimas en los ojos, le suplicó que anulara la malvada orden de Amán.

El rey Asuero contestó entonces a la reina Ester y a Mardoqueo, el judío:

—Yo le he dado ya a Ester la casa de Amán, y a este lo han colgado en la horca por haber atentado contra la vida de los judíos. Ahora los autorizo a escribir, en mi nombre, lo que mejor les parezca en favor de los judíos. ¡Y sellen las cartas con el sello real!

(Una carta firmada en nombre del rey, y sellada con su sello, no se puede anular.)

Las cartas fueron firmadas en nombre del rey Asuero y, después de sellarlas con el sello real, fueron enviadas por medio de correos que montaban veloces caballos de las caballerizas del rey. En ellas el rey autorizaba a los judíos, en cualquier ciudad donde vivieran, a reunirse para defender sus vidas. Por orden del rey, los correos partieron a toda prisa y en caballos de sus caballerizas, y el edicto fue publicado también en la ciudadela de Susa. En todas las provincias, ciudades y lugares adonde llegaba el decreto real, los judíos se llenaron de gozo y alegría, y celebraron banquetes y fiestas.

La fiesta de purim

Ester 9.1–2,20a,21–22,26b,28b

El día trece del mes doce, llamado Adar, era la fecha señalada para el cumplimiento de la orden del rey, y también el día en que los enemigos de los judíos esperaban dominarlos; pero sucedió todo lo contrario, pues los judíos los dominaron a ellos. En todas las provincias del rey Asuero, los judíos se reunieron en las ciudades donde vivían, para atacar a los que habían querido su desgracia. No hubo nadie que se enfrentara con ellos, porque el terror se había apoderado de todos los pueblos.

Mardoqueo puso por escrito estos acontecimientos, y envió cartas a todos los judíos ordenándoles que cada año celebraran los días catorce y quince del mes de Adar como los días en que los judíos se deshicieron de sus enemigos, y como el mes en que la tristeza y los gritos de dolor se cambiaron para ellos en alegría y fiesta. Estos días deberían celebrarse con banquetes y alegría, haciéndose regalos unos a otros y dando limosnas a los pobres. Estos días fueron llamados purim, recordados y celebrados de generación en generación, en cada clan, provincia y ciudad, para que jamás se perdiera su recuerdo entre los judíos y sus descendientes.

El Nuevo

Se anuncia el nacimiento de Jesús

Lucas 1.5–7,26–38

En el tiempo en que Herodes era rey del país de los judíos, vivía un sacerdote llamado Zacarías, perteneciente al turno de Abías. Su esposa, llamada Isabel, descendía de Aarón. Los dos eran justos delante de Dios y obedecían los mandatos y leyes del Señor de manera intachable. Pero no tenían hijos, porque Isabel era estéril; además, los dos eran ya muy ancianos.

[Sin embargo, Dios envió a un ángel que le anunció a Zacarías el nacimiento de su hijo, al que llamarían Juan.

Cuando Isabel ya tenía seis meses

Testamento

de embarazo,] Dios mandó al ángel Gabriel a un pueblo de Galilea llamado Nazaret, donde vivía una joven llamada María; era virgen, pero estaba comprometida para casarse con un hombre llamado José, descendiente del rey David. El ángel entró en el lugar donde ella estaba, y le dijo:

—¡Salve, llena de gracia! El Señor está contigo.

María se sorprendió de estas palabras, y se preguntaba qué significaría aquel saludo. El ángel le dijo:

—María, no tengas miedo, pues tú gozas del favor de Dios. Ahora vas a quedar encinta: tendrás un hijo, y le pondrás por nombre Jesús. Será un gran hombre, al que llamarán Hijo del Dios altísimo, y Dios el Señor lo hará Rey, como a su antepasado David, para que reine por siempre sobre el pueblo de Jacob. Su reinado no tendrá fin.

María preguntó al ángel:

—¿Cómo podrá suceder esto, si no vivo con ningún hombre?

El ángel le contestó:

—El Espíritu Santo vendrá sobre ti, y el poder del Dios altísimo se posará sobre ti. Por eso, el niño que va a nacer será llamado Santo e Hijo de Dios. También tu parienta Isabel va a tener un hijo, a pesar de que es anciana; la que decían que no podía tener hijos, está encinta desde hace seis meses. Para Dios no hay nada imposible.

Entonces María dijo:

—Yo soy esclava del Señor; que Dios haga conmigo como me has dicho.

Con esto, el ángel se fue.

María visita a Isabel

Lucas 1.39–45

Por aquellos días, María se fue de prisa a un pueblo de la región montañosa de Judea, y entró en la casa de Zacarías y saludó a Isabel. Cuando Isabel oyó el saludo de María, la criatura se le estremeció en el vientre, y ella quedó llena del Espíritu Santo. Entonces, con voz muy fuerte, dijo:

—¡Dios te ha bendecido más que a todas las mujeres, y ha bendecido a tu hijo! ¿Quién soy yo, para que venga a visitarme la madre de mi Señor? Pues tan pronto como oí tu saludo, mi hijo se estremeció de alegría en mi vientre. ¡Dichosa tú por haber creído que han de cumplirse las cosas que el Señor te ha dicho!

Un ángel se le aparece a José

Mateo 1.18–24

El origen de Jesucristo fue este: María, su madre, estaba comprometida para casarse con José; pero antes que vivieran juntos, se encontró encinta por el poder del Espíritu Santo. José, su marido, que era un hombre justo y no quería denunciar públicamente a María, decidió separarse de ella en secreto. Ya había pensado hacerlo así, cuando un ángel del Señor se le apareció en sueños y le dijo: "José, descendiente de David, no tengas miedo de tomar a María por esposa, porque su hijo lo ha concebido por el poder del Espíritu Santo. María tendrá un hijo, y le pondrás por nombre Jesús. Se llamará así porque salvará a su pueblo de sus pecados."

Todo esto sucedió para que se cumpliera lo que el Señor había dicho por medio del profeta:

"La virgen quedará encinta
y tendrá un hijo,
al que pondrán por nombre
    Emanuel"

(que significa: "Dios con nosotros").

Cuando José despertó del sueño, hizo lo que el ángel del Señor le había mandado, y tomó a María por esposa.

El nacimiento de Jesús

Lucas 2.1–7

Por aquel tiempo, el emperador Augusto ordenó que se hiciera un censo de todo el mundo. Este primer censo fue hecho siendo Quirinio gobernador de Siria. Todos tenían que ir a inscribirse a su propio pueblo.

Por esto, José salió del pueblo de Nazaret, de la región de Galilea, y se fue a Belén, en Judea, donde había nacido el rey David, porque José era descendiente de David. Fue allá a inscribirse, junto con María, su esposa, que se encontraba encinta. Y sucedió que mientras estaban en Belén, le llegó a María el tiempo de dar a luz. Y allí nació su hijo primogénito, y lo envolvió en pañales y lo acostó en el establo, porque no había alojamiento para ellos en el mesón.

Los pastores y los ángeles

Lucas 2.8–20

Cerca de Belén había unos pastores que pasaban la noche en el campo cuidando sus ovejas. De pronto se les apareció un ángel del Señor, y la gloria del Señor brilló alrededor de ellos; y tuvieron mucho miedo. Pero el ángel les dijo: "No tengan miedo, porque les traigo una buena noticia, que será motivo de gran alegría para todos: Hoy les ha nacido en el pueblo de David un salvador, que es el Mesías, el Señor. Como señal, encontrarán ustedes al niño envuelto en pañales y acostado en un establo."

En aquel momento aparecieron, junto al ángel, muchos otros ángeles del cielo, que alababan a Dios y decían:

"¡Gloria a Dios en las alturas!
¡Paz en la tierra
   entre los hombres
   que gozan de su favor!"

213

Cuando los ángeles se volvieron al cielo, los pastores comenzaron a decirse unos a otros:

—Vamos, pues, a Belén, a ver esto que ha sucedido y que el Señor nos ha anunciado.

Fueron de prisa y encontraron a María y a José, y al niño acostado en el establo. Cuando lo vieron, se pusieron a contar lo que el ángel les había dicho acerca del niño, y todos los que lo oyeron se admiraban de lo que decían los pastores. María guardaba todo esto en su corazón, y lo tenía muy presente. Los pastores, por su parte, regresaron dando gloria y alabanza a Dios por todo lo que habían visto y oído, pues todo sucedió como se les había dicho.

215

Los sabios del Oriente

Mateo 2.1–12

Jesús nació en Belén, un pueblo de la región de Judea, en el tiempo en que Herodes era rey del país. Llegaron por entonces a Jerusalén unos sabios del Oriente que se dedicaban al estudio de las estrellas, y preguntaron:

—¿Dónde está el rey de los judíos que ha nacido? Pues vimos salir su estrella y hemos venido a adorarlo.

El rey Herodes se inquietó mucho al oir esto, y lo mismo les pasó a todos los habitantes de Jerusalén. Mandó el rey llamar a todos los jefes de los sacerdotes y a los maestros de la ley, y les preguntó dónde había de nacer el Mesías. Ellos le dijeron:

—En Belén de Judea; porque así lo escribió el profeta:

'En cuanto a ti, Belén,
  de la tierra de Judá,
no eres la más pequeña
entre las principales ciudades
  de esa tierra;
porque de ti saldrá
  un gobernante
que guiará a mi pueblo Israel.'

Entonces Herodes llamó en secreto a los sabios, y se informó por ellos del tiempo exacto en que había aparecido la estrella. Luego los mandó a Belén, y les dijo:

—Vayan allá, y averigüen todo lo que puedan acerca de ese niño; y cuando lo encuentren, avísenme, para que yo también vaya a rendirle homenaje.

Con estas indicaciones del rey, los sabios se fueron. Y la estrella que habían visto salir iba delante de ellos, hasta que por fin se detuvo sobre el lugar donde estaba el niño. Cuando los sabios vieron la estrella, se alegraron mucho. Luego entraron en la casa, y vieron al niño con María, su madre; y arrodillándose le rindieron homenaje. Abrieron sus cofres y le ofrecieron oro, incienso y mirra. Después, advertidos en sueños de que no debían volver a donde estaba Herodes, regresaron a su tierra por otro camino.

De Belén a Egipto, y de Egipto a Nazaret

Mateo 2.13–16,19-23a

Cuando ya los sabios se habían ido, un ángel del Señor se le apareció en sueños a José, y le dijo: "Levántate, toma al niño y a su madre, y huye a Egipto. Quédate allí hasta que yo te avise, porque Herodes va a buscar al niño para matarlo."

José se levantó, tomó al niño y a su madre, y salió con ellos de noche camino de Egipto, donde estuvieron hasta que murió Herodes. Esto sucedió para que se cumpliera lo que el Señor había dicho por medio del profeta: "De Egipto llamé a mi Hijo."

Al darse cuenta Herodes de que aquellos sabios lo habían engañado, se llenó de ira y mandó matar a todos los niños de dos años para abajo que vivían en Belén y sus alrededores, de acuerdo con el tiempo que le habían dicho los sabios.

Pero después que murió Herodes, un ángel del Señor se le apareció en sueños a José, en Egipto, y le dijo: "Levántate, toma contigo al niño y a su madre, y regresa a Israel, porque ya han muerto los que querían matar al niño."

Entonces José se levantó y llevó al niño y a su madre a Israel. Pero cuando supo que Arquelao estaba gobernando en Judea en lugar de su padre Herodes, tuvo miedo de ir allá; y habiendo sido advertido en sueños por Dios, se dirigió a la región de Galilea. Al llegar, se fue a vivir al pueblo de Nazaret.

Jesús en el templo

Lucas 2.41–52

Los padres de Jesús iban todos los años a Jerusalén para la fiesta de la Pascua. Y así, cuando Jesús cumplió doce años, fueron allá todos ellos, como era costumbre en esa fiesta. Pero pasados aquellos días, cuando volvían a casa, el niño Jesús se quedó en Jerusalén, sin que sus padres se dieran cuenta. Pensando que Jesús iba entre la gente, hicieron un día de camino; pero luego, al buscarlo entre los parientes y conocidos, no lo encontraron. Así que regresaron a Jerusalén para buscarlo allí.

Al cabo de tres días lo encontraron en el templo, sentado entre los maestros de la ley, escuchándolos y haciéndoles preguntas. Y todos los que lo oían se admiraban de su inteligencia y de sus respuestas. Cuando sus padres lo vieron, se sorprendieron; y su madre le dijo:

—Hijo mío, ¿por qué nos has hecho esto? Tu padre y yo te hemos estado buscando llenos de angustia.

Jesús les contestó:

—¿Por qué me buscaban? ¿No sabían que tengo que estar en la casa de mi Padre?

Pero ellos no entendieron lo que les decía.

Entonces volvió con ellos a Nazaret, donde vivió obedeciéndolos en todo. Su madre guardaba todo esto en su corazón. Y Jesús seguía creciendo en sabiduría y estatura, y gozaba del favor de Dios y de los hombres.

Juan bautiza a Jesús

Mateo 3.1–2,4–6,13–17

Por aquel tiempo se presentó Juan el Bautista en el desierto de Judea. En su proclamación decía: "¡Vuélvanse a Dios, porque el reino de los cielos está cerca!"

La ropa de Juan estaba hecha de pelo de camello, y se la sujetaba al cuerpo con un cinturón de cuero; su comida era langostas y miel del monte. La gente de Jerusalén y todos los de la región de Judea y de la región cercana al Jordán salían a oírle. Confesaban sus pecados y Juan los bautizaba en el río Jordán.

También Jesús fue de Galilea al río Jordán, donde estaba Juan, para que este lo bautizara. Al principio Juan quería impedírselo, y le dijo:

—Yo debería ser bautizado por ti, ¿y tú vienes a mí?

Jesús le contestó:

—Déjalo así por ahora, pues es conveniente que cumplamos todo lo que es justo ante Dios.

Entonces Juan consintió. En cuanto Jesús fue bautizado y salió del agua, el cielo se le abrió y vio que el Espíritu de Dios bajaba sobre él como una paloma. Se oyó entonces una voz del cielo, que decía: "Este es mi Hijo amado, a quien he elegido."

El testimonio de Juan el Bautista

Juan 1.19–27,29,32,34

Este es el testimonio de Juan, cuando las autoridades judías enviaron desde Jerusalén sacerdotes y levitas a preguntarle a Juan quién

222

era él. Y él confesó claramente:

—Yo no soy el Mesías.

Le volvieron a preguntar:

—¿Quién eres, pues? ¿El profeta Elías?

Juan dijo:

—No lo soy.

Ellos insistieron:

—Entonces, ¿eres el profeta que ha de venir?

Contestó:

—No.

Le dijeron:

—¿Quién eres, pues? Tenemos que llevar una respuesta a los que nos enviaron. ¿Qué nos puedes decir de ti mismo?

Juan les contestó:

—Yo soy una voz que grita en el desierto: 'Abran un camino derecho para el Señor', tal como dijo el profeta Isaías.

Los que fueron enviados por los fariseos a hablar con Juan, le preguntaron:

—Pues si no eres el Mesías, ni Elías ni el profeta, ¿por qué bautizas?

Juan les contestó:

—Yo bautizo con agua; pero entre ustedes hay uno que no conocen y que viene después de mí. Yo ni siquiera merezco desatarle la correa de sus sandalias.

Al día siguiente, Juan vio a Jesús, que se acercaba a él, y dijo: "¡Miren, ese es el Cordero de Dios, que quita el pecado del mundo!"

Juan también declaró: "He visto al Espíritu Santo bajar del cielo como una paloma, y reposar sobre él. Yo ya lo he visto, y soy testigo de que es el Hijo de Dios."

223

Jesús es puesto a prueba

Lucas 4.1–15

Jesús, lleno del Espíritu Santo, volvió del río Jordán, y el Espíritu lo llevó al desierto. Allí estuvo cuarenta días, y el diablo lo puso a prueba. No comió nada durante esos días, así que después sintió hambre. El diablo entonces le dijo:

—Si de veras eres Hijo de Dios, ordena a esta piedra que se convierta en pan.

Jesús le contestó:

—La Escritura dice: 'No solo de pan vivirá el hombre.'

Luego el diablo lo levantó y, mostrándole en un momento todos los países del mundo, le dijo:

—Yo te daré todo este poder y la grandeza de estos países. Porque yo lo he recibido, y se lo daré al que quiera dárselo. Si te arrodillas y me adoras, todo será tuyo.

Jesús le contestó:

—La Escritura dice: 'Adora al Señor tu Dios, y sírvele solo a él.'

Después el diablo lo llevó a la ciudad de Jerusalén, lo subió a la parte más alta del templo y le dijo:

—Si de veras eres Hijo de Dios, tírate abajo desde aquí; porque la Escritura dice:

'Dios mandará que sus ángeles te cuiden y te protejan.
Te levantarán con sus manos, para que no tropieces con piedra alguna.'

Jesús le contestó:

—También dice la Escritura: 'No pongas a prueba al Señor tu Dios.'

Cuando ya el diablo no encontró otra forma de poner a prueba a Jesús, se alejó de él por algún tiempo.

Jesús volvió a Galilea lleno del poder del Espíritu Santo, y se hablaba de él por toda la tierra de alrededor. Enseñaba en la sinagoga de cada lugar, y todos le alababan.

Los primeros discípulos de Jesús

Juan 1.35b–43,45–51

[Un día] Juan estaba allí con dos de sus seguidores. Cuando vio pasar a Jesús, Juan dijo:

—¡Miren, ese es el Cordero de Dios!

Los dos seguidores de Juan lo oyeron decir esto, y siguieron a Jesús. Jesús se volvió, y al ver que lo seguían les preguntó:

—¿Qué están buscando?

Ellos dijeron:

—Maestro, ¿dónde vives?

Jesús les contestó:

—Vengan a verlo.

Fueron, pues, y vieron dónde vivía, y pasaron con él el resto del día, porque ya eran como las cuatro de la tarde.

Uno de los dos que oyeron a Juan y siguieron a Jesús, era Andrés, hermano de Simón Pedro. Al primero que Andrés se encontró fue a su hermano Simón, y le dijo:

—Hemos encontrado al Mesías (que significa: Cristo).

Luego Andrés llevó a Simón a donde estaba Jesús; cuando Jesús lo vio, le dijo:

—Tú eres Simón, hijo de Juan, pero tu nombre será Cefas (que significa: Pedro).

Al día siguiente, Jesús decidió ir a la región de Galilea. Encontró a Felipe, y le dijo:

—Sígueme.

[Tiempo después,] Felipe fue a buscar a Natanael, y le dijo:

—Hemos encontrado a aquel de quien escribió Moisés en los libros de la ley, y de quien también escribieron los profetas. Es Jesús, el hijo de José, el de Nazaret.

Dijo Natanael:

—¿Acaso de Nazaret puede salir algo bueno?

Felipe le contestó:

—Ven y compruébalo.

Cuando Jesús vio acercarse a Natanael, dijo:

—Aquí viene un verdadero israelita, en quien no hay engaño.

Natanael le preguntó:

—¿Cómo es que me conoces?

Jesús le respondió:

—Te vi antes que Felipe te llamara, cuando estabas debajo de la higuera.

Natanael le dijo:

—Maestro, ¡tú eres el Hijo de Dios, tú eres el Rey de Israel!

Jesús le contestó:

—¿Me crees solamente porque te he dicho que te vi debajo de la higuera? Pues vas a ver cosas más grandes que estas.

También dijo Jesús:

—Les aseguro que ustedes verán el cielo abierto, y a los ángeles de Dios subir y bajar sobre el Hijo del hombre.

Pescadores de hombres

Lucas 5.1–11

En una ocasión, estando Jesús a orillas del Lago de Genesaret, se sentía apretujado por la multitud que quería oir el mensaje de Dios. Jesús vio dos barcas en la playa. Los pescadores habían bajado de ellas a lavar sus redes. Jesús subió a una de las barcas, que era de Simón, y le pidió que la alejara un poco de la orilla. Luego se sentó en la barca, y desde allí comenzó a enseñar a la gente. Cuando terminó de hablar, le dijo a Simón:

—Lleva la barca a la parte honda del lago, y echen allí sus redes, para pescar.

Simón le contestó:

—Maestro, hemos estado trabajando toda la noche sin pescar nada; pero, ya que tú lo mandas, voy a echar las redes.

Cuando lo hicieron, recogieron

tanto pescado que las redes se rompían. Entonces hicieron señas a sus compañeros de la otra barca, para que fueran a ayudarlos. Ellos fueron, y llenaron tanto las dos barcas que les faltaba poco para hundirse. Al ver esto, Simón Pedro se puso de rodillas delante de Jesús y le dijo:

—¡Apártate de mí, Señor, porque soy un pecador!

Es que Simón y todos los demás estaban asustados por aquella gran pesca que habían hecho. También lo estaban Santiago y Juan, hijos de Zebedeo, que eran compañeros de Simón. Pero Jesús le dijo a Simón:

—No tengas miedo; desde ahora vas a pescar hombres.

Entonces llevaron las barcas a tierra, lo dejaron todo y se fueron con Jesús.

Jesús va a una boda

Juan 2.1b–11

Hubo una boda en Caná, un pueblo de Galilea. La madre de Jesús estaba allí, y Jesús y sus discípulos fueron también invitados a la boda. Se acabó el vino, y la madre de Jesús le dijo:

—Ya no tienen vino.

Jesús le contestó:

—Mujer, ¿por qué me dices esto? Mi hora no ha llegado todavía.

Ella dijo a los que estaban sirviendo:

—Hagan todo lo que él les diga.

Había allí seis tinajas de piedra, para el agua que usan los judíos en sus ceremonias de purificación. En cada tinaja cabían de cincuenta a setenta litros de agua. Jesús dijo a los sirvientes:

—Llenen de agua estas tinajas.

Las llenaron hasta arriba, y Jesús les dijo:

—Ahora saquen un poco y llévenselo al encargado de la fiesta.

Así lo hicieron. El encargado de la fiesta probó el agua convertida en vino, sin saber de dónde había salido; solo los sirvientes lo sabían, pues ellos habían sacado el agua. Así que el encargado llamó al novio y le dijo:

—Todo el mundo sirve primero el mejor vino, y cuando los invitados ya han bebido bastante, entonces se sirve el vino corriente. Pero tú has guardado el mejor vino hasta ahora.

Esto que hizo Jesús en Caná de Galilea fue la primera señal milagrosa con la cual mostró su gloria; y sus discípulos creyeron en él.

Jesús purifica el templo

Juan 2.13–22

Como ya se acercaba la fiesta de la Pascua de los judíos, Jesús fue a Jerusalén. Y encontró en el templo a los vendedores de novillos, ovejas y palomas, y a los que estaban sentados en los puestos donde se le cambiaba el dinero a la gente. Al verlo, Jesús tomó unas cuerdas, se hizo un látigo y los echó a todos del templo, junto con sus ovejas y sus novillos. A los que cambiaban dinero les arrojó las monedas al suelo y les volcó las mesas. A los vendedores de palomas les dijo:

—¡Saquen esto de aquí! ¡No hagan un mercado de la casa de mi Padre!

Entonces sus discípulos se acordaron de la Escritura que dice:

"Me consumirá el celo por tu casa."

Los judíos le preguntaron:

—¿Qué prueba nos das de tu autoridad para hacer esto?

Jesús les contestó:

—Destruyan este templo, y en tres días volveré a levantarlo.

Los judíos le dijeron:

—Cuarenta y seis años se ha trabajado en la construcción de este templo, ¿y tú en tres días lo vas a levantar?

Pero el templo al que Jesús se refería era su propio cuerpo. Por eso, cuando resucitó, sus discípulos se acordaron de esto que había dicho, y creyeron en la Escritura y en las palabras de Jesús.

231

Jesús y la mujer de Samaria

Juan 4.3b,–26

Jesús salió de Judea para volver a Galilea. En su viaje, tenía que pasar por la región de Samaria. De modo que llegó a un pueblo de Samaria que se llamaba Sicar, cerca del terreno que Jacob había dado en herencia a su hijo José. Allí estaba el pozo de Jacob. Jesús, cansado del camino, se sentó junto al pozo. Era cerca del mediodía. Los discípulos habían ido al pueblo a comprar algo de comer. En eso, una mujer de Samaria llegó al pozo a sacar agua, y Jesús le dijo:

—Dame un poco de agua.

Pero como los judíos no tienen trato con los samaritanos, la mujer le respondió:

—¿Cómo es que tú, siendo judío, me pides agua a mí, que soy samaritana?

Jesús le contestó:

—Si supieras lo que Dios da y quién es el que te está pidiendo agua, tú le pedirías a él, y él te daría agua viva.

La mujer le dijo:

—Señor, ni siquiera tienes con qué sacar agua, y el pozo es muy hondo: ¿de dónde vas a darme agua viva? Nuestro antepasado Jacob nos dejó este pozo, del que él mismo bebía y del que bebían también sus hijos y sus animales. ¿Acaso eres tú más que él?

Jesús le contestó:

—Todos los que beben de esta agua, volverán a tener sed; pero el que beba del agua que yo le daré, nunca volverá a tener sed. Porque el agua que yo le daré se convertirá en él en manantial de agua que brotará dándole vida eterna.

La mujer le dijo:

—Señor, dame de esa agua, para que no vuelva yo a tener sed ni tenga que venir aquí a sacar agua.

Jesús le dijo:

—Ve a llamar a tu marido y vuelve acá.

La mujer le contestó:

—No tengo marido.

Jesús le dijo:

—Bien dices que no tienes marido; porque has tenido cinco

232

maridos, y el que ahora tienes no es tu marido. Es cierto lo que has dicho.

Al oir esto, la mujer le dijo:

—Señor, ya veo que eres un profeta. Nuestros antepasados, los samaritanos, adoraron a Dios aquí, en este monte; pero ustedes los judíos dicen que Jerusalén es el lugar donde debemos adorarlo.

Jesús le contestó:

—Créeme, mujer, que llega la hora en que ustedes adorarán al Padre sin tener que venir a este monte ni ir a Jerusalén. Ustedes no saben a quién adoran; pero nosotros sabemos a quién adoramos, pues la salvación viene de los judíos. Pero llega la hora, y es ahora mismo, cuando los que de veras adoran al Padre lo harán de un modo verdadero, conforme al Espíritu de Dios. Pues el Padre quiere que así lo hagan los que lo adoran. Dios es Espíritu, y los que lo adoran deben hacerlo de un modo verdadero, conforme al Espíritu de Dios.

La mujer le dijo:

—Yo sé que va a venir el Mesías (es decir, el Cristo); y cuando él venga, nos lo explicará todo.

Jesús le dijo:

—Ese soy yo, el mismo que habla contigo.

Jesús, el Salvador del mundo

Juan 4.27–34,39–42

En esto llegaron sus discípulos, y se quedaron extrañados de que Jesús estuviera hablando con una mujer. Pero ninguno se atrevió a preguntarle qué quería, o de qué estaba conversando con ella. La mujer dejó su cántaro y se fue al pueblo, donde dijo a la gente:

—Vengan a ver a un hombre que me ha dicho todo lo que he hecho. ¿No será este el Mesías?

Entonces salieron del pueblo y fueron a donde estaba Jesús. Mientras tanto, los discípulos le rogaban:

—Maestro, come algo.

Pero él les dijo:

—Yo tengo una comida, que ustedes no conocen.

Los discípulos comenzaron a preguntarse unos a otros:

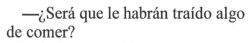

por lo que les había asegurado la mujer: "Me ha dicho todo lo que he hecho." Así que, cuando los samaritanos llegaron, rogaron a Jesús que se quedara con ellos. Él se quedó allí dos días, y muchos más creyeron al oir lo que él mismo decía. Y dijeron a la mujer:

—Ahora creemos, no solamente por lo que tú nos dijiste, sino también porque nosotros mismos le hemos oído y sabemos que de veras es el Salvador del mundo.

Jesús sana a un paralítico

Lucas 5.17–26
Un día en que Jesús estaba enseñando, se habían sentado por allí algunos fariseos y maestros de la ley venidos de todas las aldeas de Galilea, y de Judea y Jerusalén. Y el poder del Señor se mostraba en Jesús sanando a los enfermos. Entonces llegaron unos hombres que llevaban en una camilla a uno que estaba paralítico. Querían llevarlo adentro de la casa y ponerlo delante de Jesús, pero no encontraban por dónde meterlo, porque había mucha gente; así que subieron al techo y, abriendo un hueco entre las tejas, bajaron al enfermo en la camilla, allí en medio de todos, delante de Jesús. Cuando Jesús vio la fe que tenían, le dijo al enfermo:

—Amigo, tus pecados quedan perdonados.

Entonces los maestros de la ley y los fariseos comenzaron a pensar: "¿Quién es este que se atreve a decir palabras ofensivas contra Dios? Solo Dios puede perdonar pecados."

—¿Será que le habrán traído algo de comer?

Pero Jesús les dijo:

—Mi comida es hacer la voluntad del que me envió y terminar su trabajo.

Muchos de los habitantes de aquel pueblo de Samaria creyeron en Jesús

Pero Jesús se dio cuenta de lo que estaban pensando, y les preguntó:

—¿Por qué piensan ustedes así? ¿Qué es más fácil, decir: 'Tus pecados quedan perdonados', o decir: 'Levántate y anda'? Pues voy a demostrarles que el Hijo del hombre tiene autoridad en la tierra para perdonar pecados.

Entonces le dijo al paralítico:

—A ti te digo, levántate, toma tu camilla y vete a tu casa.

Al momento, el paralítico se levantó delante de todos, tomó la camilla en que estaba acostado y se fue a su casa alabando a Dios. Todos se quedaron admirados y alabaron a Dios, y llenos de miedo dijeron:

—Hoy hemos visto cosas maravillosas.

Leví, el cobrador de impuestos

Marcos 2.13–17

Después fue Jesús otra vez a la orilla del lago; la gente se acercaba a él, y él les enseñaba. Al pasar vio a Leví, hijo de Alfeo, sentado en el lugar donde cobraba los impuestos para Roma. Jesús le dijo:

—Sígueme.

Leví se levantó y lo siguió.

Sucedió que Jesús estaba comiendo en casa de Leví, y muchos de los que cobraban impuestos para Roma, y otra gente de mala fama, estaban también sentados a la mesa, junto con Jesús y sus discípulos, pues eran muchos los que lo seguían. Algunos maestros de la ley, que eran fariseos, al ver que Jesús comía con todos aquellos, preguntaron a los discípulos:

236

—¿Cómo es que su maestro come con cobradores de impuestos y pecadores?

Jesús lo oyó, y les dijo:

—Los que están sanos no necesitan médico, sino los enfermos. Yo no he venido a llamar a los justos, sino a los pecadores.

En espera de un milagro

Juan 5.1–9a

Algún tiempo después, los judíos celebraban una fiesta, y Jesús volvió a Jerusalén. En Jerusalén, cerca de la puerta llamada de las Ovejas, hay un estanque que en hebreo se llama Betzatá. Tiene cinco pórticos, en los cuales se encontraban muchos enfermos, ciegos, cojos y tullidos echados en el suelo. Había entre ellos un hombre que estaba enfermo desde hacía treinta y ocho años. Cuando Jesús lo vio allí acostado y se enteró del mucho tiempo que llevaba así, le preguntó:

238

—¿Quieres recobrar la salud?

El enfermo le contestó:

—Señor, no tengo a nadie que me meta en el estanque cuando se remueve el agua. Cada vez que quiero meterme, otro lo hace primero.

Jesús le dijo:

—Levántate, alza tu camilla y anda.

En aquel momento el hombre recobró la salud, alzó su camilla y comenzó a andar.

Los doce apóstoles

Lucas 6.12b–16; 9.2–6

Jesús se fue a un cerro a orar, y pasó toda la noche orando a Dios. Cuando se hizo de día, llamó a sus discípulos, y escogió a doce de ellos, a quienes llamó apóstoles. Estos fueron: Simón, a quien puso también el nombre de Pedro; Andrés, hermano de Simón; Santiago, Juan, Felipe, Bartolomé, Mateo, Tomás, Santiago, hijo de Alfeo; Simón, al que llamaban el celote, Judas, hijo de Santiago, y Judas Iscariote, que fue quien traicionó a Jesús.

Los envió a anunciar el reino de Dios y a sanar a los enfermos. Les dijo:

—No lleven nada para el camino: ni bastón, ni bolsa, ni pan, ni dinero, ni ropa de repuesto. En cualquier casa donde lleguen, quédense hasta que se vayan del lugar. Y si en algún pueblo no los quieren recibir, salgan de él y sacúdanse el polvo de los pies, para que les sirva a ellos de advertencia.

Salieron ellos, pues, y fueron por todas las aldeas, anunciando la buena noticia y sanando enfermos.

La verdadera felicidad

Mateo 4.23,25—5.1–12
Jesús recorría toda Galilea, enseñando en la sinagoga de cada lugar. Anunciaba la buena noticia del reino y curaba a la gente de todas sus enfermedades y dolencias.

Mucha gente de Galilea, de los pueblos de Decápolis, de Jerusalén, de Judea y de la región al oriente del Jordán seguía a Jesús.

Al ver la multitud, Jesús subió al monte y se sentó. Sus discípulos se le acercaron, y él tomó la palabra y comenzó a enseñarles, diciendo:

"Dichosos los que tienen
    espíritu de pobres,
porque de ellos es el reino de
    los cielos.
"Dichosos los que sufren,
porque serán consolados.
"Dichosos los humildes,
porque heredarán la tierra
    prometida.

"Dichosos los que tienen
    hambre y sed de la justicia,
porque serán satisfechos.
"Dichosos los compasivos,
porque Dios tendrá compasión
    de ellos.
"Dichosos los de corazón
    limpio,
porque verán a Dios.
"Dichosos los que trabajan por
    la paz,
porque Dios los llamará hijos
    suyos.
"Dichosos los perseguidos por
    hacer lo que es justo,
porque de ellos es el reino de
    los cielos.
"Dichosos ustedes, cuando la gente los insulte y los maltrate, y cuando por causa mía los ataquen con toda clase de mentiras. Alégrense, estén contentos, porque van a recibir un gran premio en el cielo; pues así también persiguieron a los profetas que vivieron antes que ustedes."

La sal y la luz

Mateo 5.13–16
[Jesús dijo a sus discípulos:]
"Ustedes son la sal de este mundo. Pero si la sal deja de estar salada, ¿cómo podrá recobrar su sabor? Ya no sirve para nada, así que se la tira a la calle y la gente la pisotea.

"Ustedes son la luz de este mundo. Una ciudad en lo alto de un cerro no puede esconderse. Ni se enciende una lámpara para ponerla bajo un cajón; antes bien, se la pone en alto para que alumbre a todos los que están en la casa. Del mismo modo, procuren ustedes que su luz brille delante de la gente, para que, viendo el bien que ustedes hacen, todos alaben a su Padre que está en el cielo."

La verdadera riqueza

Mateo 6.19–21,24–30,33

[Jesús también dijo:] "No amontonen riquezas aquí en la tierra, donde la polilla destruye y las cosas se echan a perder, y donde los ladrones entran a robar. Más bien amontonen riquezas en el cielo, donde la polilla no destruye ni las

otro. No se puede servir a Dios y a las riquezas.

"Por lo tanto, yo les digo: No se preocupen por lo que han de comer o beber para vivir, ni por la ropa que necesitan para el cuerpo. ¿No vale la vida más que la comida y el cuerpo más que la ropa? Miren las aves que vuelan por el aire: no siembran ni cosechan ni guardan la cosecha en graneros; sin embargo, el Padre de ustedes que está en el cielo les da de comer. ¡Y ustedes valen más que las aves! En todo caso, por mucho que uno se preocupe, ¿cómo podrá prolongar su vida ni siquiera una hora?

"¿Y por qué se preocupan ustedes por la ropa? Fíjense cómo crecen los lirios del campo: no trabajan ni hilan. Sin embargo, les digo que ni siquiera el rey Salomón, con todo su lujo, se vestía como uno de ellos. Pues si Dios viste así a la hierba, que hoy está en el campo y mañana se quema en el horno, ¡con mayor razón los vestirá a ustedes, gente falta de fe!"

Por lo tanto, pongan toda su atención en el reino de los cielos y en hacer lo que es justo ante Dios, y recibirán también todas estas cosas.

cosas se echan a perder ni los ladrones entran a robar. Pues donde esté tu riqueza, allí estará también tu corazón.

"Nadie puede servir a dos amos, porque odiará a uno y querrá al otro, o será fiel a uno y despreciará al

Cómo construir una casa

Mateo 7.24–29

[Jesús terminó el sermón del monte diciendo:] "Por tanto, el que me oye y hace lo que yo digo, es como un hombre prudente que construyó su casa sobre la roca. Vino la lluvia, crecieron los ríos y soplaron los vientos contra la casa; pero no cayó, porque tenía su base sobre la roca. Pero el que me oye y no hace lo que yo digo, es como un tonto que construyó su casa sobre la arena. Vino la lluvia, crecieron los ríos, soplaron los vientos y la casa se vino abajo. ¡Fue un gran desastre!"

Cuando Jesús terminó de hablar, toda la gente estaba admirada de cómo les enseñaba, porque lo hacía con plena autoridad, y no como sus maestros de la ley.

Simón el fariseo

Lucas 7.36–50

Un fariseo invitó a Jesús a comer, y Jesús fue a su casa. Estaba sentado a la mesa, cuando una mujer de mala vida, que vivía en el mismo pueblo y que supo que Jesús había ido a comer a casa del fariseo, llegó con un frasco de alabastro lleno de perfume. Llorando, se puso junto a los pies de Jesús y comenzó a bañarlos con lágrimas. Luego los secó con sus cabellos, los besó y derramó sobre ellos el perfume. El fariseo que había invitado a Jesús, al ver esto, pensó: "Si este hombre fuera de veras un profeta, se daría cuenta de qué clase de persona es esta que lo está tocando: una mujer de mala vida." Entonces Jesús le dijo al fariseo:

—Simón, tengo algo que decirte.

El fariseo contestó:

—Dímelo, Maestro.

Jesús siguió:

—Dos hombres le debían dinero a un prestamista. Uno le debía quinientos denarios, y el otro cincuenta; y como no le podían pagar, el prestamista les perdonó la deuda a los dos. Ahora dime, ¿cuál de ellos le amará más?

Simón le contestó:

—Me parece que el hombre a quien más le perdonó.

Jesús le dijo:

—Tienes razón.

Entonces, mirando a la mujer, Jesús dijo a Simón:

—¿Ves esta mujer? Entré en tu casa, y no me diste agua para mis pies; en cambio, esta mujer me ha bañado los pies con sus lágrimas y los ha secado con sus cabellos. No me saludaste con un beso, pero ella, desde que entré, no ha dejado de besarme los pies. No me pusiste ungüento en la cabeza, pero ella ha derramado perfume sobre mis pies. Por esto te digo que sus muchos pecados son perdonados, porque amó mucho; pero la persona a quien poco se le perdona, poco amor muestra.

Luego dijo a la mujer:

—Tus pecados te son perdonados.

Los otros invitados que estaban allí, comenzaron a preguntarse:

—¿Quién es este, que hasta perdona pecados?

Pero Jesús añadió, dirigiéndose a la mujer:

—Por tu fe has sido salvada; vete tranquila.

El sembrador

Marcos 4.1–20

Otra vez comenzó Jesús a enseñar a la orilla del lago. Como se reunió una gran multitud, Jesús subió a una barca que había en el lago, y se sentó, mientras la gente se quedaba

246

Montero

en la orilla. Entonces se puso a enseñarles muchas cosas por medio de parábolas.

En su enseñanza les decía: "Oigan esto: Un sembrador salió a sembrar. Y al sembrar, una parte de la semilla cayó en el camino, y llegaron las aves y se la comieron. Otra parte cayó entre las piedras, donde no había mucha tierra; esa semilla brotó pronto, porque la tierra no era muy honda; pero el sol, al salir, la quemó, y como no tenía raíz, se secó. Otra parte de la semilla cayó entre espinos, y los espinos crecieron y la ahogaron, de modo que la semilla no dio grano. Pero otra parte cayó en buena tierra, y creció, dando una buena cosecha; algunas espigas dieron treinta granos por semilla, otras sesenta granos, y otras cien."

Y añadió Jesús: "Los que tienen oídos, oigan."

Después, cuando Jesús se quedó solo, los que estaban cerca de él junto con los doce discípulos le preguntaron qué quería decir aquella parábola. Les contestó: "A ustedes, Dios les da a conocer el secreto de su reino; pero a los que están afuera se les dice todo por medio de parábolas, para que por más que miren, no vean, y por más que oigan, no entiendan, para que no se vuelvan a Dios, y él no los perdone."

Les dijo: "¿No entienden ustedes esta parábola? ¿Cómo, pues, entenderán todas las demás? El que siembra la semilla representa al que anuncia el mensaje. Hay quienes son como la semilla que cayó en el camino: oyen el mensaje, pero después de oírlo viene Satanás y les quita el mensaje sembrado en su corazón. Otros son como la semilla sembrada entre las piedras: oyen el mensaje y lo reciben con gusto, pero como no tienen suficiente raíz, no se mantienen firmes; por eso, cuando por causa del mensaje sufren pruebas o persecución, pierden la fe. Otros son como la semilla sembrada entre espinos: oyen el mensaje, pero los negocios de la vida presente les preocupan demasiado, el amor por las riquezas los engaña, y quisieran poseer todas las cosas. Todo esto entra en ellos, y ahoga el mensaje y no lo deja dar fruto. Pero hay otros que oyen el mensaje y lo aceptan, y dan una buena cosecha, como la semilla sembrada en buena tierra. De esos, algunos rinden treinta, otros sesenta, y otros ciento por uno."

248

El trigo y la mala hierba

Mateo 13.24–30,36–43

Jesús les contó esta otra parábola: "Sucede con el reino de los cielos como con un hombre que sembró buena semilla en su campo; pero cuando todos estaban durmiendo, llegó un enemigo, sembró mala hierba entre el trigo y se fue. Cuando el trigo creció y se formó la espiga, apareció también la mala hierba. Entonces los trabajadores fueron a decirle al dueño: 'Señor, si la semilla que sembró usted en el campo era buena, ¿de dónde ha salido la mala hierba?' El dueño les dijo: 'Algún enemigo ha hecho esto.' Los trabajadores le preguntaron: '¿Quiere usted que vayamos a arrancar la mala hierba?' Pero él les dijo: 'No, porque al arrancar la mala hierba pueden arrancar también el trigo. Lo mejor es dejarlos crecer juntos hasta la cosecha; entonces mandaré a los que han de recogerla que recojan primero la mala hierba y la aten en manojos, para quemarla, y que después guarden el trigo en mi granero.' "

Jesús despidió entonces a la gente y entró en la casa, donde sus discípulos se le acercaron y le pidieron que les explicara la parábola de la mala hierba en el campo. Jesús les respondió: "El que siembra la buena semilla es el Hijo del hombre, y el campo es el mundo. La buena semilla representa a los que son del reino, y la mala hierba representa a los que son del maligno, y el enemigo que sembró la mala hierba es el diablo. La cosecha representa el fin del mundo, y los que recogen la cosecha son los ángeles. Así como la mala hierba se recoge y se echa al fuego para quemarla, así sucederá también al fin del mundo. El Hijo del hombre mandará a sus ángeles a recoger de su reino a todos los que hacen pecar a otros, y a los que practican el mal. Los echarán en el horno encendido, y vendrán el llanto y la desesperación. Entonces los justos brillarán como el sol en el reino de su Padre. Los que tienen oídos, oigan."

La semilla de mostaza y la levadura
Mateo 13.31–34

Jesús también les contó esta parábola: "El reino de los cielos es como una semilla de mostaza que un hombre siembra en su campo. Es, por cierto, la más pequeña de todas las semillas; pero cuando crece, se hace más grande que las otras plantas del huerto, y llega a ser como un árbol, tan grande que las aves van y se posan en sus ramas."

También les contó esta parábola: "El reino de los cielos es como la levadura que una mujer mezcla con tres medidas de harina para hacer fermentar toda la masa."

Jesús habló de todo esto a la gente por medio de parábolas, y sin parábolas no les hablaba.

La tempestad

Marcos 4.35–38

Al anochecer de aquel mismo día, Jesús dijo a sus discípulos:

—Vamos al otro lado del lago.

Entonces dejaron a la gente y llevaron a Jesús en la barca en que ya estaba; y también otras barcas lo acompañaban. En esto se desató una tormenta, con un viento tan fuerte que las olas caían sobre la barca, de modo que se llenaba de agua. Pero Jesús se había dormido en la parte de atrás, apoyado sobre una almohada. Lo despertaron y le dijeron:

—¡Maestro! ¿No te importa que nos estemos hundiendo?

Jesús calma la tempestad

Marcos 4.39–41

Jesús se levantó y dio una orden al viento, y dijo al mar:

—¡Silencio! ¡Quédate quieto!

El viento se calmó, y todo quedó completamente tranquilo. Después dijo Jesús a los discípulos:

—¿Por qué están asustados? ¿Todavía no tienen fe?

Ellos se llenaron de miedo, y se preguntaban unos a otros:

—¿Quién será este, que hasta el viento y el mar lo obedecen?

El hombre que tenía muchos espíritus malos

Marcos 5.1–20

Llegaron al otro lado del lago, a la tierra de Gerasa. En cuanto Jesús bajó de la barca, se le acercó un hombre que tenía un espíritu impuro. Este hombre había salido de entre las tumbas, porque vivía en ellas. Nadie podía sujetarlo, ni siquiera con cadenas. Pues aunque muchas veces lo habían atado de pies y manos con cadenas, siempre las había hecho pedazos, sin que nadie lo pudiera dominar. Andaba de día y de noche por los cerros y las tumbas, gritando y golpeándose con piedras. Pero cuando vio de lejos a Jesús, echó a correr, y poniéndose de rodillas delante de él le dijo a gritos:

—¡No te metas conmigo, Jesús, Hijo del Dios altísimo! ¡Te ruego por Dios que no me atormentes!

Hablaba así porque Jesús le había dicho:

254

—¡Espíritu impuro, deja a ese hombre!

Jesús le preguntó:

—¿Cómo te llamas?

Él contestó:

—Me llamo Legión, porque somos muchos.

Y rogaba mucho a Jesús que no enviara los espíritus fuera de aquella región. Y como cerca de allí, junto al cerro, había gran número de cerdos comiendo, los espíritus le rogaron:

—Mándanos a los cerdos y déjanos entrar en ellos.

Jesús les dio permiso, y los espíritus impuros salieron del hombre y entraron en los cerdos. Estos, que eran unos dos mil, echaron a correr pendiente abajo hasta el lago, y allí se ahogaron.

Los que cuidaban de los cerdos salieron huyendo, y fueron a contar en el pueblo y por los campos lo sucedido. La gente acudió a ver lo que había pasado. Y cuando llegaron

a donde estaba Jesús, vieron sentado, vestido y en su cabal juicio al endemoniado que había tenido la legión de espíritus. La gente estaba asustada, y los que habían visto lo sucedido con el endemoniado y con los cerdos, se lo contaron a los demás. Entonces comenzaron a rogarle a Jesús que se fuera de aquellos lugares.

Al volver Jesús a la barca, el hombre que había estado endemoniado le rogó que lo dejara ir con él. Pero Jesús no se lo permitió, sino que le dijo:

—Vete a tu casa, con tus parientes, y cuéntales todo lo que el Señor te ha hecho, y cómo ha tenido compasión de ti.

El hombre se fue, y comenzó a contar por los pueblos de Decápolis lo que Jesús había hecho por él; y todos se quedaron admirados.

Jesús sana a dos ciegos

Mateo 9.27–31

Al salir Jesús de allí, dos ciegos lo siguieron, gritando:

—¡Ten compasión de nosotros, Hijo de David!

Cuando Jesús entró en la casa, los ciegos se le acercaron, y él les preguntó:

—¿Creen ustedes que puedo hacer esto?

—Sí, Señor —le contestaron.

Entonces Jesús les tocó los ojos, y les dijo:

—Que se haga conforme a la fe que ustedes tienen.

Y recobraron la vista. Jesús les advirtió mucho:

—Procuren que no lo sepa nadie.

Pero, apenas salieron, contaron por toda aquella región lo que Jesús había hecho.

La muerte de Juan el Bautista

Marcos 6.14–29

El rey Herodes oyó hablar de Jesús, cuya fama había corrido por todas partes. Pues unos decían: "Juan el Bautista ha resucitado, y por eso tiene este poder milagroso."

Otros decían: "Es el profeta Elías."

Y otros: "Es un profeta, como los antiguos profetas."

Al oir estas cosas, Herodes decía:

—Ese es Juan. Yo mandé cortarle la cabeza y ahora ha resucitado.

Es que, por causa de Herodías, Herodes había mandado arrestar a Juan, y lo había hecho encadenar en la cárcel. Herodías era esposa de Filipo, hermano de Herodes, pero Herodes se había casado con ella. Y Juan había dicho a Herodes: "No debes tener como tuya a la mujer de tu hermano."

Herodías odiaba por eso a Juan, y quería matarlo; pero no podía, porque Herodes le tenía miedo, sabiendo que era un hombre justo y santo, y lo protegía. Y aunque al oírlo se quedaba sin saber qué hacer, Herodes escuchaba a Juan de buena gana. Pero Herodías vio llegar su oportunidad cuando Herodes, en su cumpleaños, dio un banquete a sus jefes y comandantes y a las personas importantes de Galilea. La hija de Herodías entró en el lugar del banquete y bailó, y el baile gustó tanto a Herodes y a los que estaban cenando con él, que el rey dijo a la muchacha:

—Pídeme lo que quieras, y te lo daré.

Y le juró una y otra vez que le daría cualquier cosa que pidiera, aunque fuera la mitad del país que él gobernaba. Ella salió, y le preguntó a su madre:

—¿Qué pediré?

Le contestó:

—Pídele la cabeza de Juan el Bautista.

La muchacha entró de prisa donde estaba el rey, y le dijo:

—Quiero que ahora mismo me des en un plato la cabeza de Juan el Bautista.

El rey se puso muy triste; pero como había hecho un juramento en presencia de sus invitados, no quiso negarle lo que le pedía. Así que mandó en seguida a un soldado con la orden de llevarle la cabeza de Juan. Fue el soldado a la cárcel, le cortó la cabeza a Juan y se la llevó en un plato. Se la dio a la muchacha, y ella se la entregó a su madre.

Cuando los seguidores de Juan lo supieron, recogieron el cuerpo y se lo llevaron a enterrar.

Un descanso necesario

Marcos 6.30–33

Después de esto, los apóstoles se reunieron con Jesús y le contaron todo lo que habían hecho y enseñado. Jesús les dijo:

—Vengan, vamos nosotros solos a descansar un poco en un lugar tranquilo.

Porque iba y venía tanta gente, que ellos ni siquiera tenían tiempo para comer. Así que Jesús y sus apóstoles se fueron en una barca a un lugar apartado. Pero muchos los vieron ir, y los reconocieron; entonces de todos los pueblos corrieron allá, y llegaron antes que ellos.

Jesús enseña a la multitud

Marcos 6.34–36

Al bajar Jesús de la barca, vio la multitud, y sintió compasión de ellos, porque estaban como ovejas que no tienen pastor; y comenzó a enseñarles muchas cosas. Por la tarde, sus discípulos se le acercaron y le dijeron:

—Ya es tarde, y este es un lugar solitario. Despide a la gente, para que vayan por los campos y las aldeas de alrededor y se compren algo de comer.

Jesús alimenta a la multitud

Marcos 6.37-44

Jesús les contestó:

—Denles ustedes de comer.

Ellos respondieron:

—¿Quieres que vayamos a comprar pan por el equivalente al salario de doscientos días, para darles de comer?

Jesús les dijo:

—¿Cuántos panes tienen ustedes? Vayan a verlo.

Cuando lo averiguaron, le dijeron:

—Cinco panes y dos pescados.

Entonces les mandó que hicieran sentar a la gente en grupos sobre la hierba verde; y se sentaron en grupos de cien y de cincuenta. Luego Jesús tomó en sus manos los cinco panes y los dos pescados y, mirando al cielo, pronunció la bendición, partió los panes y se los fue dando a sus discípulos para que los repartieran entre la gente. Repartió también los dos pescados entre todos. Todos comieron hasta quedar satisfechos; recogieron los pedazos sobrantes de pan y de pescado, y con ellos llenaron doce canastas. Los que comieron de aquellos panes fueron cinco mil hombres.

Jesús camina sobre el agua

Marcos 6.45b–50

Jesús hizo que sus discípulos subieran a la barca para que cruzaran el lago antes que él, en dirección a Betsaida, mientras él despedía a la gente. Y cuando la hubo despedido, se fue al cerro a orar. Al llegar la noche, la barca ya estaba en medio del lago. Jesús, que se había quedado solo en tierra, vio

que remaban con dificultad, porque
tenían el viento en contra. A la
madrugada, fue Jesús hacia ellos
caminando sobre el agua, y ya iba a
pasar junto a ellos. Cuando lo vieron
andar sobre el agua, pensaron que
era un fantasma, y gritaron; porque
todos lo vieron y se asustaron. Pero
en seguida él les habló, diciéndoles:

—¡Calma! ¡Soy yo: no tengan
miedo!

Pedro camina sobre el agua

Mateo 14.28–33

Entonces Pedro le respondió:

—Señor, si eres tú, ordena que yo vaya hasta ti sobre el agua.

—Ven —dijo Jesús.

Pedro entonces bajó de la barca y comenzó a caminar sobre el agua en dirección a Jesús. Pero al notar la fuerza del viento, tuvo miedo; y como comenzaba a hundirse, gritó:

—¡Sálvame, Señor!

Al momento, Jesús lo tomó de la mano y le dijo:

—¡Qué poca fe tienes! ¿Por qué dudaste?

En cuanto subieron a la barca, se calmó el viento. Entonces los que estaban en la barca se pusieron de rodillas delante de Jesús, y le dijeron:

—¡En verdad tú eres el Hijo de Dios!

268

La mujer extranjera

Mateo 15.21–28

Jesús se dirigió de allí a la región de Tiro y Sidón. Y una mujer cananea, de aquella región, se le acercó, gritando:

—¡Señor, Hijo de David, ten compasión de mí! ¡Mi hija tiene un demonio que la hace sufrir mucho!

Jesús no le contestó nada. Entonces sus discípulos se acercaron a él y le rogaron:

—Dile a esa mujer que se vaya, porque viene gritando detrás de nosotros.

Jesús dijo:

—Dios me ha enviado solamente a las ovejas perdidas del pueblo de Israel.

Pero la mujer fue a arrodillarse delante de él, diciendo:

—¡Señor, ayúdame!

Jesús le contestó:

—No está bien quitarles el pan a los hijos y dárselo a los perros.

Ella le dijo:

—Sí, Señor; pero hasta los perros comen las migajas que caen de la mesa de sus amos.

Entonces le dijo Jesús:

—¡Mujer, qué grande es tu fe! Hágase como quieres.

Y desde ese mismo momento su hija quedó sana.

Jesús y el ciego de Betsaida

Marcos 8.22b–26

Llegaron a Betsaida, y llevaron un ciego a Jesús, y le rogaron que lo tocara. Jesús tomó de la mano al ciego y lo sacó fuera del pueblo. Le mojó los ojos con saliva, puso las manos sobre él y le preguntó si podía ver algo. El ciego comenzó a ver, y dijo:

—Veo a los hombres. Me parecen como árboles que andan.

Jesús le puso otra vez las manos sobre los ojos, y el hombre miró con atención y quedó sano. Ya todo lo veía claramente. Entonces Jesús lo mandó a su casa, y le dijo:

—No vuelvas al pueblo.

La confesión de Pedro

Mateo 16.13–19

Cuando Jesús llegó a la región de Cesarea de Filipo, preguntó a sus discípulos:

—¿Quién dice la gente que es el Hijo del hombre?

Ellos contestaron:

—Algunos dicen que Juan el Bautista; otros dicen que Elías, y otros dicen que Jeremías o algún otro profeta.

—Y ustedes, ¿quién dicen que soy? —les preguntó.

Simón Pedro le respondió:

—Tú eres el Mesías, el Hijo del Dios viviente.

Entonces Jesús le dijo:

—Dichoso tú, Simón, hijo de Jonás, porque esto no lo conociste por medios humanos, sino porque te lo reveló mi Padre que está en el cielo. Y yo te digo que tú eres Pedro, y sobre esta piedra voy a construir mi iglesia; y ni siquiera el poder de la muerte podrá vencerla. Te daré las llaves del reino de los cielos; lo que tú ates aquí en la tierra, también quedará atado en el cielo, y lo que tú desates aquí en la tierra, también quedará desatado en el cielo.

Jesús, Moisés y Elías

Lucas 9.28b–36

Jesús subió a un cerro a orar, acompañado de Pedro, Santiago y Juan. Mientras oraba, el aspecto de su cara cambió, y su ropa se volvió muy blanca y brillante; y aparecieron dos hombres conversando con él. Eran Moisés y Elías, que estaban rodeados de un resplandor glorioso y hablaban de la partida de Jesús de este mundo, que iba a tener lugar en Jerusalén. Aunque Pedro y sus compañeros tenían mucho sueño, permanecieron despiertos, y vieron la gloria de Jesús y a los dos hombres que estaban con él. Cuando aquellos hombres se separaban ya de Jesús, Pedro le dijo:

—Maestro, ¡qué bien que estemos aquí! Vamos a hacer tres chozas: una para ti, otra para Moisés y otra para Elías.

Pero Pedro no sabía lo que decía. Mientras hablaba, una nube se posó sobre ellos, y al verse dentro de la nube tuvieron miedo. Entonces de la nube salió una voz, que dijo: "Este es mi Hijo, mi elegido: escúchenlo."

Cuando se escuchó esa voz, Jesús quedó solo. Pero ellos mantuvieron esto en secreto y en aquel tiempo a nadie dijeron nada de lo que habían visto.

Los niños y el reino de los cielos

Mateo 18.1b–14

Los discípulos se acercaron a Jesús y le preguntaron:

—¿Quién es el más importante en el reino de los cielos?

Jesús llamó entonces a un niño, lo puso en medio de ellos y dijo:

—Les aseguro que si ustedes no cambian y se vuelven como niños, no entrarán en el reino de los cielos. El más importante en el reino de los cielos es el que se humilla y se vuelve como este niño. Y el que recibe en mi nombre a un niño como este, me recibe a mí.

"A cualquiera que haga caer en pecado a uno de estos pequeños que creen en mí, más le valdría que lo hundieran en lo profundo del mar con una gran piedra de molino atada al cuello. ¡Qué malo es para el mundo que haya tantas incitaciones al pecado! Tiene que haberlas, pero ¡ay del hombre que haga pecar a los demás!

"Por eso, si tu mano o tu pie te hacen caer en pecado, córtatelos y échalos lejos de ti; es mejor que entres en la vida manco o cojo, y no que con tus dos manos y tus dos pies seas arrojado al fuego eterno. Y si tu ojo te hace caer en pecado, sácatelo y échalo lejos de ti; es mejor que entres en la vida con un solo ojo, y no que con tus dos ojos seas arrojado al fuego del infierno.

"No desprecien a ninguno de estos pequeños. Pues les digo que en el cielo los ángeles de ellos están mirando siempre el rostro de mi Padre celestial.

"¿Qué les parece? Si un hombre tiene cien ovejas y se le extravía una de ellas, ¿acaso no dejará las otras noventa y nueve en el monte, para ir a buscar la oveja extraviada? Y si logra encontrarla, de seguro se alegrará más por esa oveja que por las noventa y nueve que no se extraviaron. Así también, el Padre de ustedes que está en el cielo no quiere que se pierda ninguno de estos pequeños.

Para vivir con otros

Mateo 18.15–20

[Jesús continuó:] "Si tu hermano te hace algo malo, habla con él a solas · y hazle reconocer su falta. Si te hace caso, ya has ganado a tu hermano. Si no te hace caso, llama a una o dos personas más, para que toda acusación se base en el testimonio de dos o tres testigos. Si tampoco les hace caso a ellos, díselo a la comunidad; y si tampoco hace caso a la comunidad, entonces habrás de considerarlo como un pagano o como uno de esos que cobran impuestos para Roma.

"Les aseguro que lo que ustedes aten aquí en la tierra, también quedará atado en el cielo, y lo que ustedes desaten aquí en la tierra, también quedará desatado en el cielo.

"Esto les digo: Si dos de ustedes se ponen de acuerdo aquí en la tierra para pedir algo en oración, mi Padre que está en el cielo se lo dará. Porque donde dos o tres se reúnen en mi nombre, allí estoy yo en medio de ellos."

El extranjero agradecido

Lucas 17.11–19

En su camino a Jerusalén, pasó Jesús entre las regiones de Samaria y Galilea. Y llegó a una aldea, donde le salieron al encuentro diez hombres enfermos de lepra, los cuales se quedaron lejos de él gritando:

—¡Jesús, Maestro, ten compasión de nosotros!

Cuando Jesús los vio, les dijo:

—Vayan a presentarse a los sacerdotes.

Y mientras iban, quedaron limpios de su enfermedad. Uno de ellos, al verse limpio, regresó alabando a Dios a grandes voces, y se arrodilló delante de Jesús, inclinándose hasta el suelo para darle las gracias. Este hombre era de Samaria. Jesús dijo:

—¿Acaso no eran diez los que quedaron limpios de su enfermedad? ¿Dónde están los otros nueve? ¿Únicamente este extranjero ha vuelto para alabar a Dios?

Y le dijo al hombre:

—Levántate y vete; por tu fe has sido sanado.

Jesús y la mujer adúltera

Juan 8.1b–11

Jesús se dirigió al Monte de los Olivos, y al día siguiente, al amanecer, volvió al templo. La gente se le acercó, y él se sentó y comenzó a enseñarles.

Los maestros de la ley y los fariseos llevaron entonces a una mujer, a la que habían sorprendido cometiendo adulterio. La pusieron en medio de todos los presentes, y dijeron a Jesús:

—Maestro, esta mujer ha sido sorprendida en el acto mismo de cometer adulterio. En la ley, Moisés nos ordenó que se matara a pedradas a esta clase de mujeres. ¿Tú qué dices?

Ellos preguntaron esto para ponerlo a prueba, y tener así de qué acusarlo. Pero Jesús se inclinó y comenzó a escribir en la tierra con el dedo. Luego, como seguían preguntándole, se enderezó y les dijo:

—Aquel de ustedes que no tenga pecado, que le tire la primera piedra.

Y volvió a inclinarse y siguió escribiendo en la tierra. Al oir esto, uno tras otro comenzaron a irse, y los primeros en hacerlo fueron los más viejos. Cuando Jesús se encontró solo con la mujer, que se había quedado allí, se enderezó y le preguntó:

—Mujer, ¿dónde están? ¿Ninguno te ha condenado?

Ella le contestó:

—Ninguno, Señor.

Jesús le dijo:

—Tampoco yo te condeno; ahora, vete y no vuelvas a pecar.

El buen samaritano

Lucas 10.25-37

Un maestro de la ley fue a hablar con Jesús, y para ponerlo a prueba le preguntó:

—Maestro, ¿qué debo hacer para alcanzar la vida eterna?

Jesús le contestó:

—¿Qué está escrito en la ley? ¿Qué es lo que lees?

El maestro de la ley contestó:

—'Ama al Señor tu Dios con todo tu corazón, con toda tu alma, con todas tus fuerzas y con toda tu mente'; y 'ama a tu prójimo como a ti mismo.'

Jesús le dijo:

—Has contestado bien. Si haces eso, tendrás la vida.

Pero el maestro de la ley, queriendo justificar su pregunta, dijo a Jesús:

—¿Y quién es mi prójimo?

Jesús entonces le contestó:

—Un hombre iba por el camino de Jerusalén a Jericó, y unos bandidos lo asaltaron y le quitaron hasta la ropa; lo golpearon y se fueron, dejándolo medio muerto. Por casualidad, un sacerdote pasaba por el mismo camino; pero al verlo, dio un rodeo y siguió adelante. También un levita llegó a aquel lugar, y cuando lo vio, dio un rodeo y siguió adelante. Pero un hombre de Samaria que viajaba por el mismo camino, al verlo, sintió compasión. Se acercó a él, le curó las heridas con aceite y vino, y le puso vendas. Luego lo subió en su propia cabalgadura, lo llevó a un alojamiento y lo cuidó. Al día siguiente, el samaritano sacó el equivalente al salario de dos días, se lo dio al dueño del alojamiento y le dijo: 'Cuide a este hombre, y si gasta usted algo más, yo se lo pagaré cuando vuelva.' Pues bien, ¿cuál de esos tres te parece que se hizo prójimo del hombre asaltado por los bandidos?

El maestro de la ley contestó:

—El que tuvo compasión de él.

Jesús le dijo:

—Pues ve y haz tú lo mismo.

Marta y María

Lucas 10.38–42

Jesús siguió su camino y llegó a una aldea, donde una mujer llamada Marta lo hospedó. Marta tenía una hermana llamada María, la cual se sentó a los pies de Jesús para escuchar lo que él decía. Pero Marta, que estaba atareada con sus muchos quehaceres, se acercó a Jesús y le dijo:

—Señor, ¿no te preocupa nada que mi hermana me deje sola con todo el trabajo? Dile que me ayude.

Pero Jesús le contestó:

—Marta, Marta, estás preocupada y te inquietas por demasiadas cosas, pero solo una cosa es necesaria. María ha escogido la mejor parte, y nadie se la va a quitar.

El buen pastor

Juan 10.11–18

[En otra ocasión, Jesús dijo:]

"Yo soy el buen pastor. El buen pastor da su vida por las ovejas; pero el que trabaja solamente por la paga, cuando ve venir al lobo deja las ovejas y huye, porque no es el pastor y porque las ovejas no son suyas. Y el lobo ataca a las ovejas y las dispersa en todas direcciones. Ese hombre huye porque lo único que le importa es la paga, y no las ovejas.

"Yo soy el buen pastor. Así como mi Padre me conoce a mí y yo conozco a mi Padre, así también yo

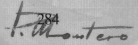

284

conozco a mis ovejas y ellas me conocen a mí. Yo doy mi vida por las ovejas. También tengo otras ovejas que no son de este redil; y también a ellas debo traerlas. Ellas me obedecerán, y formarán un solo rebaño, con un solo pastor.

"El Padre me ama porque yo doy mi vida para volverla a recibir. Nadie me quita la vida, sino que yo la doy por mi propia voluntad. Tengo el derecho de darla y de volver a recibirla. Esto es lo que me ordenó mi Padre."

285

Lázaro vive

Juan 11.1,3,6–7,17,20a,25–27,32–35, 38b–39,41–44

Había un hombre enfermo que se llamaba Lázaro, natural de Betania, el pueblo de María y de su hermana Marta. Las dos hermanas mandaron a decir a Jesús:

—Señor, tu amigo querido está enfermo.

[Pero Jesús] se quedó dos días más en el lugar donde se encontraba. Después dijo a sus discípulos:

—Vamos otra vez a Judea.

Al llegar, Jesús se encontró con que ya hacía cuatro días que Lázaro había sido sepultado. Cuando Marta supo que Jesús estaba llegando, salió a recibirlo.

Jesús le dijo entonces:

—Yo soy la resurrección y la vida. El que cree en mí, aunque muera, vivirá; y todo el que todavía está vivo y cree en mí, no morirá jamás. ¿Crees esto?

Ella le dijo:

—Sí, Señor, yo creo que tú eres el Mesías, el Hijo de Dios, el que tenía que venir al mundo.

Cuando María llegó a donde estaba Jesús, se puso de rodillas a sus pies, diciendo:

—Señor, si hubieras estado aquí, mi hermano no habría muerto.

Jesús, al ver llorar a María y a los judíos que habían llegado con ella, se conmovió profundamente y se estremeció, y les preguntó:

—¿Dónde lo sepultaron?

Le dijeron:

—Ven a verlo, Señor.

Y Jesús lloró.

Jesús se acercó a la tumba. Era una cueva, cuya entrada estaba tapada con una piedra. Jesús dijo:

—Quiten la piedra.

Marta, la hermana del muerto, le dijo:

—Señor, ya huele mal, porque hace cuatro días que murió.

Quitaron la piedra, y Jesús, mirando al cielo, dijo:

—Padre, te doy gracias porque me has escuchado. Yo sé que siempre me escuchas, pero lo digo por el bien de esta gente que está aquí, para que crean que tú me has enviado.

Después de decir esto, gritó:

—¡Lázaro, sal de ahí!

Y el que había estado muerto salió, con las manos y los pies atados con vendas y la cara envuelta en un lienzo. Jesús les dijo:

—Desátenlo y déjenlo ir.

La oveja perdida y la moneda perdida

Lucas 15.1–10

Todos los que cobraban impuestos para Roma y otra gente de mala fama se acercaban a Jesús, para oírlo. Los fariseos y los maestros de la ley lo criticaban por esto, diciendo:

—Este recibe a los pecadores y come con ellos.

Entonces Jesús les dijo esta parábola: "¿Quién de ustedes, si tiene cien ovejas y pierde una de ellas, no deja las otras noventa y nueve en el campo y va en busca de la oveja perdida, hasta encontrarla? Y cuando la encuentra, contento la pone sobre sus hombros, y al llegar a casa junta a sus amigos y vecinos, y les dice: 'Alégrense conmigo, porque ya encontré la oveja que se me había perdido.' Les digo que así también hay más alegría en el cielo por un pecador que se convierte que por noventa y nueve justos que no necesitan convertirse.

"O bien, ¿qué mujer que tiene diez monedas y pierde una de ellas, no enciende una lámpara y barre la casa buscando con cuidado hasta encontrarla? Y cuando la encuentra, reúne a sus amigas y vecinas, y les dice: 'Alégrense conmigo, porque ya encontré la moneda que había perdido.' Les digo que así también hay alegría entre los ángeles de Dios por un pecador que se convierte."

El padre amoroso

Lucas 15.11–32

Jesús contó esto también: "Un hombre tenía dos hijos, y el más joven le dijo a su padre: 'Padre, dame la parte de la herencia que me toca.' Entonces el padre repartió los bienes entre ellos. Pocos días después el hijo menor vendió su parte de la propiedad, y con ese dinero se fue lejos, a otro país, donde todo lo derrochó llevando una vida desenfrenada. Pero cuando ya se lo había gastado todo, hubo una gran escasez de comida en aquel país, y él comenzó a pasar hambre. Fue a pedir trabajo a un hombre del lugar, que lo mandó a sus campos a cuidar cerdos. Y tenía ganas de llenarse con las algarrobas que comían los cerdos, pero nadie se las daba. Al fin se puso a pensar: '¡Cuántos trabajadores en la casa de mi padre tienen comida de sobra, mientras yo aquí me muero de hambre! Regresaré a casa de mi padre, y le diré: Padre mío, he pecado contra Dios y contra ti; ya no merezco llamarme tu hijo; trátame como a uno de tus trabajadores.' Así que se puso en camino y regresó a la casa de su padre.

"Cuando todavía estaba lejos, su padre lo vio y sintió compasión de él. Corrió a su encuentro, y lo recibió con abrazos y besos. El hijo

290

le dijo: 'Padre mío, he pecado contra Dios y contra ti; ya no merezco llamarme tu hijo.' Pero el padre ordenó a sus criados: 'Saquen pronto la mejor ropa y vístanlo; pónganle también un anillo en el dedo y sandalias en los pies. Traigan el becerro más gordo y mátenlo. ¡Vamos a celebrar esto con un banquete! Porque este hijo mío estaba muerto y ha vuelto a vivir; se había perdido y lo hemos encontrado.' Comenzaron la fiesta.

"Entre tanto, el hijo mayor estaba en el campo. Cuando regresó y llegó cerca de la casa, oyó la música y el baile. Entonces llamó a uno de los criados y le preguntó qué pasaba. El criado le dijo: 'Es que su hermano ha vuelto; y su padre ha mandado matar el becerro más gordo, porque lo recobró sano y salvo.' Pero tanto se enojó el hermano mayor, que no quería entrar, así que su padre tuvo que salir a rogarle que lo hiciera. Le dijo a su padre: 'Tú sabes cuántos años te he servido, sin desobedecerte nunca, y jamás me has dado ni siquiera un cabrito para tener una comida con mis amigos. En cambio, ahora llega este hijo tuyo, que ha malgastado tu dinero con prostitutas, y matas para él el becerro más gordo.'

"El padre le contestó: 'Hijo mío, tú siempre estás conmigo, y todo lo que tengo es tuyo. Pero había que celebrar esto con un banquete y alegrarnos, porque tu hermano, que estaba muerto, ha vuelto a vivir; se había perdido y lo hemos encontrado.' "

291

Honestidad

Lucas 16.10–14

[Jesús también les dijo:] "El que se porta honradamente en lo poco, también se porta honradamente en lo mucho; y el que no tiene honradez en lo poco, tampoco la tiene en lo mucho. De manera que, si con las falsas riquezas de este mundo ustedes no se portan honradamente, ¿quién les confiará las verdaderas riquezas? Y si no se portan honradamente con lo ajeno, ¿quién les dará lo que les pertenece?

"Ningún sirviente puede servir a dos amos; porque odiará a uno y querrá al otro, o será fiel a uno y despreciará al otro. No se puede servir a Dios y a las riquezas."

Los fariseos, que eran amigos del dinero, oyeron todo esto y se burlaron de Jesús.

El rico y Lázaro

Lucas 16.19–31

[Jesús continuó hablando:] "Había un hombre rico, que se vestía con ropa fina y elegante y que todos los días ofrecía espléndidos banquetes. Había también un pobre llamado Lázaro, que estaba lleno de llagas y se sentaba en el suelo a la puerta del rico. Este pobre quería llenarse con lo que caía de la mesa del rico; y hasta los perros se acercaban a lamerle las llagas. Un día el pobre murió, y los ángeles lo llevaron a sentarse a comer al lado de Abraham. El rico también murió, y fue enterrado.

"Y mientras el rico sufría en el lugar adonde van los muertos, levantó los ojos y vio de lejos a Abraham, y a Lázaro sentado a su lado. Entonces gritó: '¡Padre Abraham, ten lástima de mí! Manda a Lázaro que moje la punta de su dedo en agua y venga a refrescar mi lengua, porque estoy sufriendo mucho en este fuego.' Pero Abraham le contestó: 'Hijo, acuérdate que en vida tú recibiste tu parte de bienes, y Lázaro su parte de males. Ahora él recibe consuelo aquí, y tú sufres. Aparte de esto, hay un gran abismo entre nosotros y ustedes; de modo que los que quieren pasar de aquí allá, no pueden, ni de allá tampoco pueden pasar aquí.'

"El rico dijo: 'Te suplico entonces, padre Abraham, que mandes a Lázaro a la casa de mi padre, donde tengo cinco hermanos, para que les llame la atención, y así no vengan ellos también a este lugar de tormento.' Abraham dijo: 'Ellos ya tienen lo escrito por Moisés y los profetas: ¡que les hagan caso!' El rico contestó: 'Padre Abraham, eso no basta; pero si un muerto resucita y se les aparece, ellos se convertirán.' Pero Abraham le dijo: 'Si no quieren hacer caso a Moisés y a los profetas, tampoco creerán aunque algún muerto resucite.' "

Oren siempre

Lucas 18.1–8

Jesús les contó una parábola para enseñarles que debían orar siempre, sin desanimarse. Les dijo: "Había en un pueblo un juez que ni temía a Dios ni respetaba a los hombres. En el mismo pueblo había también una viuda que tenía un pleito y que fue al juez a pedirle justicia contra su adversario. Durante mucho tiempo el juez no quiso atenderla, pero después pensó: 'Aunque ni temo a Dios ni respeto a los hombres, sin embargo, como esta viuda no deja de molestarme, la voy a defender, para que no siga viniendo y acabe con mi paciencia.' "

Y el Señor añadió: "Esto es lo que dijo el juez malo. Pues bien, ¿acaso Dios no defenderá también a sus escogidos, que claman a él día y noche? ¿Los hará esperar? Les digo que los defenderá sin demora. Pero cuando el Hijo del hombre venga, ¿encontrará todavía fe en la tierra?"

Jesús y el divorcio

Marcos 10.1–9

Jesús salió de Cafarnaúm y fue a la región de Judea y a la tierra que está al oriente del Jordán. Allí volvió a reunírsele la gente, y él comenzó de nuevo a enseñar, como tenía por costumbre. Algunos fariseos se acercaron a Jesús y, para tenderle una trampa, le preguntaron si al esposo le está permitido divorciarse de su esposa. El les contestó:

—¿Qué les mandó a ustedes Moisés?

Dijeron:

—Moisés permitió divorciarse de la esposa dándole un certificado de divorcio.

Entonces Jesús les dijo:

—Moisés les dio ese mandato por lo tercos que son ustedes. Pero en el principio de la creación, 'Dios los creó hombre y mujer. Por esto el hombre dejará a su padre y a su madre para unirse a su esposa, y los dos serán como una sola persona.' Así que ya no son dos, sino uno solo. De modo que el hombre no debe separar lo que Dios ha unido.

Jesús y los niños

Marcos 10.13–16

Llevaron unos niños a Jesús, para que los tocara; pero los discípulos comenzaron a reprender a quienes los llevaban. Jesús, viendo esto, se enojó y les dijo:

—Dejen que los niños vengan a mí, y no se lo impidan, porque el reino de Dios es de quienes son como ellos. Les aseguro que el que no acepta el reino de Dios como un niño, no entrará en él.

Y tomó en sus brazos a los niños, y los bendijo poniendo las manos sobre ellos.

El joven rico

Mateo 19.16–22

Un joven fue a ver a Jesús, y le preguntó:

—Maestro, ¿qué cosa buena debo hacer para tener vida eterna?

Jesús le contestó:

—¿Por qué me preguntas acerca de lo que es bueno? Bueno solamente hay uno. Pero si quieres entrar en la vida, obedece los mandamientos.

—¿Cuáles? —preguntó el joven.

Y Jesús le dijo:

—'No mates, no cometas adulterio, no robes, no digas mentiras en perjuicio de nadie, honra a tu padre y a tu madre, y ama a tu prójimo como a ti mismo.'

—Todo eso ya lo he cumplido —dijo el joven—. ¿Qué más me falta?

Jesús le contestó:

—Si quieres ser perfecto, anda, vende lo que tienes y dáselo a los pobres. Así tendrás riqueza en el cielo. Luego ven y sígueme.

Cuando el joven oyó esto, se fue triste, porque era muy rico.

El peligro de las riquezas

Marcos 10.23–31

Jesús miró entonces alrededor, y dijo a sus discípulos:

—¡Qué difícil va a ser para los ricos entrar en el reino de Dios!

Estas palabras dejaron asombrados a los discípulos, pero Jesús les volvió a decir:

—Hijos, ¡qué difícil es entrar en el reino de Dios! Es más fácil para un camello pasar por el ojo de una

aguja, que para un rico entrar en el reino de Dios.

Al oírlo, se asombraron más aún, y se preguntaban unos a otros:

—¿Y quién podrá salvarse?

Jesús los miró y les contestó:

—Para los hombres es imposible, pero no para Dios, porque para él todo es posible.

Pedro comenzó a decirle:

—Nosotros hemos dejado todo lo que teníamos, y te hemos seguido.

Jesús respondió:

—Les aseguro que cualquiera que por mi causa y por aceptar el evangelio haya dejado casa, o hermanos, o hermanas, o madre, o padre, o hijos, o terrenos, recibirá ahora en la vida presente cien veces más en casas, hermanos, hermanas, madres, hijos y terrenos, aunque con persecuciones; y en la vida venidera recibirá la vida eterna. Pero muchos que ahora son los primeros, serán los últimos; y muchos que ahora son los últimos, serán los primeros.

Los trabajadores de la viña

Mateo 20.1–16

[Jesús también les dijo:]

"Sucede con el reino de los cielos como con el dueño de una finca, que salió muy de mañana a contratar trabajadores para su viñedo. Se arregló con ellos para pagarles el salario de un día, y los mandó a trabajar a su viñedo. Volvió a salir como a las nueve de la mañana, y vio a otros que estaban en la plaza desocupados. Les dijo: 'Vayan también ustedes a trabajar a mi viñedo, y les daré lo que sea justo.' Y ellos fueron. El dueño salió de nuevo a eso del mediodía, y otra vez a las tres de la tarde, e hizo lo mismo. Alrededor de las cinco de la tarde volvió a la plaza, y encontró en ella a otros que estaban desocupados. Les preguntó: '¿Por qué están ustedes aquí todo el día sin trabajar?' Le contestaron: 'Porque nadie nos ha contratado.' Entonces les dijo: 'Vayan también ustedes a trabajar a mi viñedo.'

"Cuando llegó la noche, el dueño dijo al encargado del trabajo: 'Llama a los trabajadores, y págales comenzando por los últimos que entraron y terminando por los que entraron primero.' Se presentaron, pues, los que habían entrado a trabajar alrededor de las cinco de la tarde, y cada uno recibió el salario completo de un día. Después, cuando les tocó el turno a los que habían entrado primero, pensaron que iban a recibir más; pero cada uno de ellos recibió también el salario de un día. Al cobrarlo, comenzaron a murmurar contra el dueño, diciendo: 'Estos, que llegaron al final, trabajaron solamente una hora, y usted les ha pagado igual que a nosotros, que hemos aguantado el trabajo y el calor de todo el día.' Pero el dueño contestó a uno de ellos: 'Amigo, no te estoy haciendo ninguna injusticia. ¿Acaso no te arreglaste conmigo por el salario de un día? Pues toma tu paga y vete. Si yo quiero darle a este que entró a trabajar al final lo mismo que te doy a ti, es porque tengo el derecho de hacer lo que quiera con mi dinero. ¿O es que te da envidia que yo sea bondadoso?'

"De modo que los que ahora son los últimos, serán los primeros; y los que ahora son los primeros, serán los últimos."

Jesús y Zaqueo

Lucas 19.1–10

Jesús entró en Jericó y comenzó a atravesar la ciudad. Vivía allí un hombre rico llamado Zaqueo, jefe de los que cobraban impuestos para Roma. Este quería conocer a Jesús, pero no conseguía verlo porque había mucha gente y Zaqueo era pequeño de estatura. Por eso corrió adelante y, para alcanzar a verlo, se subió a un árbol cerca de donde Jesús tenía que pasar. Cuando Jesús pasaba por allí, miró hacia arriba y le dijo:

—Zaqueo, baja en seguida, porque hoy tengo que quedarme en tu casa.

Zaqueo bajó aprisa, y con gusto recibió a Jesús. Al ver esto, todos comenzaron a criticar a Jesús, diciendo que había ido a quedarse en la casa de un pecador. Zaqueo se levantó entonces y le dijo al Señor:

—Mira, Señor, voy a dar a los pobres la mitad de todo lo que tengo; y si le he robado algo a alguien, le devolveré cuatro veces más.

Jesús le dijo:

—Hoy ha llegado la salvación a esta casa, porque este hombre también es descendiente de Abraham. Pues el Hijo del hombre ha venido a buscar y salvar lo que se había perdido.

Las diez monedas de oro

Lucas 19.11–27

La gente estaba oyendo a Jesús decir estas cosas, y él les contó una parábola, porque ya estaba cerca de Jerusalén y ellos pensaban que el reino de Dios iba a llegar en seguida.

Les dijo: "Había un hombre de la nobleza, que se fue lejos, a otro país, para ser nombrado rey y regresar. Antes de salir, llamó a diez de sus empleados, entregó a cada uno de ellos una gran cantidad de dinero y les dijo: 'Hagan negocio con este dinero hasta que yo vuelva.' Pero la gente de su país lo odiaba, y mandaron tras él una comisión encargada de decir: 'No queremos que este hombre sea nuestro rey.'

"Pero él fue nombrado rey, y regresó a su país. Cuando llegó, mandó llamar a los empleados a quienes había entregado el dinero, para saber cuánto había ganado cada uno. El primero se presentó y dijo: 'Señor, su dinero ha producido diez veces más.' El rey le contestó: 'Muy bien; eres un buen empleado; ya que fuiste fiel en lo poco, te hago gobernador de diez pueblos.' Se presentó otro y dijo: 'Señor, su dinero ha producido cinco veces más.' También a este le contestó: 'Tú serás gobernador de cinco pueblos.'

"Pero otro se presentó diciendo: 'Señor, aquí está su dinero. Lo guardé en un pañuelo; pues tuve miedo de usted, porque usted es un hombre duro, que recoge donde no entregó y cosecha donde no sembró.' Entonces le dijo el rey:

'Empleado malo, con tus propias palabras te juzgo. Si sabías que soy un hombre duro, que recojo donde no entregué y cosecho donde no sembré, ¿por qué no llevaste mi dinero al banco, para devolvérmelo con los intereses a mi regreso a casa?' Y dijo a los que estaban allí: 'Quítenle el dinero y dénselo al que ganó diez veces más.' Ellos le dijeron: 'Señor, ¡pero si él ya tiene diez veces más!' El rey contestó: 'Pues les digo que al que tiene, se le dará más; pero al que no tiene, hasta lo poco que tiene se le quitará. Y en cuanto a mis enemigos que no querían tenerme por rey, tráiganlos acá y mátenlos en mi presencia.' "

María unge los pies de Jesús

Juan 12.1–8

Seis días antes de la Pascua, Jesús fue a Betania, donde vivía Lázaro, a quien él había resucitado. Allí hicieron una cena en honor de Jesús; Marta servía, y Lázaro era uno de los que estaban a la mesa comiendo con él. María trajo unos trescientos gramos de perfume de nardo puro, muy caro, y perfumó los pies de Jesús; luego se los secó con sus cabellos. Y toda la casa se llenó del aroma del perfume. Entonces Judas Iscariote, que era aquel de los discípulos que iba a traicionar a Jesús, dijo:

305

—¿Por qué no se ha vendido este perfume por el equivalente al salario de trescientos días, para ayudar a los pobres?

Pero Judas no dijo esto porque le importaran los pobres, sino porque era ladrón, y como tenía a su cargo la bolsa del dinero, robaba de lo que echaban en ella. Jesús le dijo:

—Déjala, pues lo estaba guardando para el día de mi entierro. A los pobres siempre los tendrán entre ustedes, pero a mí no siempre me tendrán.

Jesús entra en Jerusalén

Lucas 19.28–38

Después de decir esto, Jesús siguió su viaje a Jerusalén. Cuando ya había llegado cerca de Betfagé y Betania, junto al monte que se llama de los Olivos, envió a dos de sus discípulos, diciéndoles:

—Vayan a la aldea que está enfrente, y al llegar encontrarán un burro atado, que nadie ha montado todavía. Desátenlo y tráiganlo. Y si alguien les pregunta por qué lo desatan, díganle que el Señor lo necesita.

Los discípulos fueron y lo encontraron todo como Jesús se lo había dicho. Mientras estaban desatando el burro, los dueños les preguntaron:

—¿Por qué lo desatan?

Ellos contestaron:

—Porque el Señor lo necesita.

Y poniendo sus capas sobre el burro, se lo llevaron a Jesús y lo hicieron montar. Conforme Jesús avanzaba, la gente tendía sus capas por el camino. Y al acercarse a la bajada del Monte de los Olivos, todos sus seguidores comenzaron a gritar de alegría y a alabar a Dios por todos los milagros que habían visto. Decían:

—¡Bendito el Rey que viene en el nombre del Señor! ¡Paz en el cielo y gloria en las alturas!

Jesús llora por Jerusalén

Lucas 19.39–44

Entonces algunos fariseos que había entre la gente le dijeron:

—Maestro, reprende a tus seguidores.

Pero Jesús les contestó:

—Les digo que si estos se callan, las piedras gritarán.

Cuando llegó cerca de Jerusalén, al ver la ciudad, Jesús lloró por ella, diciendo: "¡Si en este día tú también entendieras lo que puede darte paz! Pero ahora eso te está escondido y no puedes verlo. Pues van a venir para ti días malos, en que tus enemigos harán un muro a tu alrededor, y te rodearán y atacarán por todos lados, y te destruirán por completo. Matarán a tus habitantes, y no dejarán en ti ni una piedra sobre otra, porque no reconociste el momento en que Dios vino a visitarte."

307

Cueva de ladrones

Marcos 11.15–19

Después que llegaron a Jerusalén, Jesús entró en el templo y comenzó a echar de allí a los que estaban vendiendo y comprando. Volcó las mesas de los que cambiaban dinero a la gente, y los puestos de los que vendían palomas; y no permitía que nadie pasara por el templo llevando cosas. Y se puso a enseñar, diciendo:

—En las Escrituras dice: 'Mi casa será declarada casa de oración para todas las naciones', pero ustedes han hecho de ella una cueva de ladrones.

Al oir esto, los jefes de los sacerdotes y los maestros de la ley comenzaron a buscar la manera de matar a Jesús, porque le tenían miedo, pues toda la gente estaba admirada de su enseñanza. Pero al llegar la noche, Jesús y sus discípulos salieron de la ciudad.

Jesús sana en el templo

Mateo 21.14–16

Se acercaron a Jesús en el templo los ciegos y los cojos, y él los sanó. Pero cuando los jefes de los sacerdotes y los maestros de la ley vieron los milagros que hacía, y oyeron que los niños gritaban en el templo: "¡Hosana al Hijo del rey David!", se enojaron y dijeron a Jesús:

—¿Oyes lo que esos están diciendo?

Jesús les contestó:

—Sí, lo oigo. Pero ¿no han leído ustedes la Escritura que habla de esto? Dice:

'Con los cantos de los pequeños,
de los niñitos de pecho,
has dispuesto tu alabanza.'

La ofrenda de la viuda pobre

Marcos 12.41–44

Jesús estaba una vez sentado frente a los cofres de las ofrendas, mirando cómo la gente echaba dinero en ellos. Muchos ricos echaban mucho dinero. En esto llegó una viuda pobre, y echó en uno de los cofres dos moneditas de cobre, de muy poco valor. Entonces Jesús llamó a sus discípulos, y les dijo:

—Les aseguro que esta viuda pobre ha dado más que todos los otros que echan dinero en los cofres; pues todos dan de lo que les sobra, pero ella, en su pobreza, ha dado todo lo que tenía para vivir.

Las diez muchachas

Mateo 25.1–13

"Sucederá entonces con el reino de los cielos como lo que sucedió en una boda: diez muchachas tomaron sus lámparas de aceite y salieron a recibir al novio. Cinco de ellas eran despreocupadas y cinco previsoras. Las despreocupadas llevaron sus lámparas, pero no llevaron aceite para llenarlas de nuevo; en cambio, las previsoras llevaron sus botellas de aceite, además de sus lámparas. Como el novio tardaba en llegar, les dio sueño a todas, y por fin se durmieron. Cerca de la medianoche, se oyó gritar: '¡Ya viene el novio! ¡Salgan a recibirlo!' Todas las muchachas se levantaron y comenzaron a preparar sus lámparas. Entonces las cinco despreocupadas dijeron a las cinco previsoras: 'Dennos un poco de su aceite, porque nuestras lámparas se están apagando.' Pero las muchachas previsoras contestaron: 'No, porque así no alcanzará ni para nosotras ni para ustedes. Más vale que vayan a donde lo venden, y compren para ustedes mismas.' Pero mientras aquellas cinco muchachas fueron a comprar aceite, llegó el novio, y las que habían sido previsoras entraron con él en la boda, y se cerró la puerta. Después llegaron las otras muchachas, diciendo: '¡Señor, señor, ábrenos!' Pero él les contestó: 'Les aseguro que no las conozco.'

"Manténganse ustedes despiertos —añadió Jesús—, porque no saben ni el día ni la hora."

313

Judas

Mateo 26.1–5,14–16

Cuando Jesús terminó toda su enseñanza, dijo a sus discípulos:

—Como ustedes saben, dentro de dos días es la fiesta de la Pascua, y el Hijo del hombre será entregado para que lo crucifiquen.

Por aquel tiempo, los jefes de los sacerdotes y los ancianos de los judíos se reunieron en el palacio de Caifás, el sumo sacerdote, e hicieron planes para arrestar a Jesús mediante algún engaño, y matarlo. Pero decían:

—No durante la fiesta, para que no se alborote la gente.

Uno de los doce discípulos, el que se llamaba Judas Iscariote, fue a ver a los jefes de los sacerdotes y les dijo:

—¿Cuánto me quieren dar, y yo les entrego a Jesús?

Ellos le pagaron treinta monedas de plata. Y desde entonces Judas anduvo buscando el momento más oportuno para entregarles a Jesús.

315

Preparando la Pascua

Lucas 22.7–13

Llegó el día de la fiesta en que se comía el pan sin levadura, cuando se sacrificaba el cordero de Pascua. Jesús envió a Pedro y a Juan, diciendo:

—Vayan a prepararnos la cena de Pascua.

Ellos le preguntaron:

—¿Dónde quieres que la preparemos?

Jesús les contestó:

—Cuando entren ustedes en la ciudad, encontrarán a un hombre que lleva un cántaro de agua. Síganlo hasta la casa donde entre, y digan al dueño de la casa: 'El Maestro pregunta: ¿Cuál es el cuarto donde voy a comer con mis discípulos la cena de Pascua?' Él les mostrará en el piso alto un cuarto grande y arreglado para la cena. Preparen allí lo necesario.

Ellos fueron y lo encontraron todo como Jesús se lo había dicho, y prepararon la cena de Pascua.

¿Quién es el mayor?

Lucas 22.14,24–30

Cuando llegó la hora, Jesús y los apóstoles se sentaron a la mesa.

Los discípulos tuvieron una discusión sobre cuál de ellos debía ser considerado el más importante. Jesús les dijo: "Entre los paganos, los reyes gobiernan con tiranía a sus súbditos, y a los jefes se les da el título de benefactores. Pero ustedes no deben ser así. Al contrario, el más importante entre ustedes tiene que hacerse como el más joven, y el

316

que manda tiene que hacerse como el que sirve. Pues ¿quién es más importante, el que se sienta a la mesa a comer o el que sirve? ¿Acaso no lo es el que se sienta a la mesa? En cambio yo estoy entre ustedes como el que sirve.

"Ustedes han estado siempre conmigo en mis pruebas. Por eso, yo les doy un reino, como mi Padre me lo dio a mí, y ustedes comerán y beberán a mi mesa en mi reino, y se sentarán en tronos para juzgar a las doce tribus de Israel."

Jesús lava los pies de sus discípulos

Juan 13.1b–17

Jesús sabía que había llegado la hora de que él dejara este mundo para ir a reunirse con el Padre. Él siempre había amado a los suyos que estaban en el mundo, y así los amó hasta el fin.

El diablo ya había metido en el corazón de Judas, hijo de Simón Iscariote, la idea de traicionar a Jesús. Jesús sabía que había venido de Dios, que iba a volver a Dios y que el Padre le había dado toda autoridad; así que, mientras estaban cenando, se levantó de la mesa, se quitó la capa y se ató una toalla a la cintura. Luego echó agua en una palangana y se puso a lavar los pies de los discípulos y a secárselos con la toalla que llevaba a la cintura.

Cuando iba a lavarle los pies a Simón Pedro, este le dijo:

—Señor, ¿tú me vas a lavar los pies a mí?

Jesús le contestó:

—Ahora no entiendes lo que estoy haciendo, pero después lo entenderás.

Pedro le dijo:

—¡Jamás permitiré que me laves los pies!

Respondió Jesús:

—Si no te los lavo, no podrás ser de los míos.

Simón Pedro le dijo:

—¡Entonces, Señor, no me laves solamente los pies, sino también las manos y la cabeza!

Pero Jesús le contestó:

—El que está recién bañado no necesita lavarse más que los pies, porque está todo limpio. Y ustedes están limpios, aunque no todos.

Dijo: "No están limpios todos", porque sabía quién lo iba a traicionar.

Después de lavarles los pies, Jesús volvió a ponerse la capa, se sentó otra vez a la mesa y les dijo:

—¿Entienden ustedes lo que les he hecho? Ustedes me llaman Maestro y Señor, y tienen razón, porque lo soy. Pues si yo, el Maestro y Señor, les he lavado a ustedes los pies, también ustedes deben lavarse los pies unos a otros. Yo les he dado un ejemplo, para que ustedes hagan lo mismo que yo les he hecho. Les aseguro que ningún servidor es más que su señor, y que ningún enviado es más que el que lo envía. Si entienden estas cosas y las ponen en práctica, serán dichosos.

La cena del Señor

Marcos 14.18–25

Mientras estaban a la mesa, comiendo, Jesús les dijo:

—Les aseguro que uno de ustedes, que está comiendo conmigo, me va a traicionar.

Ellos se pusieron tristes, y comenzaron a preguntarle uno por uno:

—¿Acaso seré yo?

Jesús les contestó:

—Es uno de los doce, que está mojando el pan en el mismo plato que yo. El Hijo del hombre ha de recorrer el camino que dicen las Escrituras; pero ¡ay de aquel que lo traiciona! Hubiera sido mejor para él no haber nacido.

Mientras comían, Jesús tomó en sus manos el pan y, habiendo pronunciado la bendición, lo partió y se lo dio a ellos, diciendo:

—Tomen, esto es mi cuerpo.

Luego tomó en sus manos una copa y, habiendo dado gracias a Dios, se la pasó a ellos, y todos bebieron. Les dijo:

—Esto es mi sangre, con la que se confirma la alianza, sangre que es derramada en favor de muchos. Les aseguro que no volveré a beber del producto de la vid, hasta el día en que beba el vino nuevo en el reino de Dios.

Jesús le dice a Pedro que lo negará

Marcos 14.26–31

Después de cantar los salmos, se fueron al Monte de los Olivos. Jesús les dijo:

—Todos ustedes van a perder su fe en mí. Así lo dicen las Escrituras: 'Mataré al pastor, y las ovejas se dispersarán.' Pero cuando yo resucite, los volveré a reunir en Galilea.

Pedro le dijo:

—Aunque todos pierdan su fe, yo no.

Jesús le contestó:

—Te aseguro que esta misma noche, antes que cante el gallo por segunda vez, me negarás tres veces.

Pero él insistía:

—Aunque tenga que morir contigo, no te negaré.

Y todos decían lo mismo.

Un hogar en el cielo

Juan 14.1–6

[Jesús les dijo:] "No se angustien ustedes. Crean en Dios y crean también en mí. En la casa de mi Padre hay muchos lugares donde vivir; si no fuera así, yo no les hubiera dicho que voy a prepararles un lugar. Y después de irme y de prepararles un lugar, vendré otra vez para llevarlos conmigo, para que ustedes estén en el mismo lugar en donde yo voy a estar. Ustedes saben el camino que lleva a donde yo voy."

Tomás le dijo a Jesús:

—Señor, no sabemos a dónde vas, ¿cómo vamos a saber el camino?

Jesús le contestó:

—Yo soy el camino, la verdad y la vida. Solamente por mí se puede llegar al Padre.

Jesús ora por sus discípulos

Juan 17.1–3,6–8,11,15,17; 18.1;
Marcos 14.33–42

Después de decir estas cosas, Jesús miró al cielo y dijo: "Padre, la hora ha llegado: glorifica a tu Hijo, para que también él te glorifique a ti. Pues tú has dado a tu Hijo autoridad sobre todo hombre, para dar vida eterna a todos los que le diste. Y la vida eterna consiste en que te conozcan a ti, el único Dios verdadero, y a Jesucristo, a quien tú enviaste.

"A los que escogiste del mundo para dármelos, les he hecho saber quién eres. Eran tuyos, y tú me los diste, y han hecho caso de tu palabra. Ahora saben que todo lo que me diste viene de ti; pues les he

323

dado el mensaje que me diste, y ellos lo han aceptado. Se han dado cuenta de que en verdad he venido de ti, y han creído que tú me enviaste.

"Yo no voy a seguir en el mundo, pero ellos sí van a seguir en el mundo, mientras que yo me voy para estar contigo. Padre santo, cuídalos con el poder de tu nombre, el nombre que me has dado, para que estén completamente unidos, como tú y yo.

"No te pido que los saques del mundo, sino que los protejas del mal. Conságralos a ti mismo por medio de la verdad; tu palabra es la verdad."

Después de decir esto, Jesús salió con sus discípulos para ir al otro lado del arroyo de Cedrón. Allí había un huerto, donde Jesús entró con sus discípulos.

Y se llevó a Pedro, a Santiago y a Juan, y comenzó a sentirse muy afligido y angustiado. Les dijo:

—Siento en mi alma una tristeza de muerte. Quédense ustedes aquí, y permanezcan despiertos.

En seguida Jesús se fue un poco más adelante, se inclinó hasta tocar el suelo con la frente, y pidió a Dios que, de ser posible, no le llegara ese momento. En su oración decía: "Abbá, Padre, para ti todo es posible: líbrame de este trago amargo; pero que no se haga lo que yo quiero, sino lo que quieres tú."

Luego volvió a donde ellos estaban, y los encontró dormidos. Le dijo a Pedro:

—Simón, ¿estás durmiendo? ¿Ni siquiera una hora pudiste mantenerte

despierto? Manténganse despiertos y oren, para que no caigan en tentación. Ustedes tienen buena voluntad, pero son débiles.

Se fue otra vez, y oró repitiendo las mismas palabras. Cuando volvió, encontró otra vez dormidos a los discípulos, porque sus ojos se les cerraban de sueño. Y no sabían qué contestarle. Volvió por tercera vez, y les dijo:

—¿Siguen ustedes durmiendo y descansando? Ya basta, ha llegado la hora en que el Hijo del hombre va a ser entregado en manos de los pecadores. Levántense, vámonos; ya se acerca el que me traiciona.

Jesús es traicionado

Juan 18.2–8; Mateo 26.48–49

También Judas, el que lo estaba traicionando, conocía el lugar, porque muchas veces Jesús se había reunido allí con sus discípulos. Así que Judas llegó con una tropa de soldados y con algunos guardianes del templo enviados por los jefes de los sacerdotes y por los fariseos. Estaban armados, y llevaban lámparas y antorchas. Pero como Jesús ya sabía todo lo que le iba a pasar, salió y les preguntó:

—¿A quién buscan?

Ellos le contestaron:

—A Jesús de Nazaret.

Jesús dijo:

—Yo soy.

Judas, el que lo estaba traicionando, se encontraba allí con ellos. Cuando Jesús les dijo: "Yo soy", se echaron hacia atrás y

cayeron al suelo. Jesús volvió a preguntarles:

—¿A quién buscan?

Y ellos repitieron:

—A Jesús de Nazaret.

Jesús les dijo otra vez:

—Ya les he dicho que soy yo. Si me buscan a mí, dejen que estos otros se vayan.

Judas, el traidor, les había dado una contraseña, diciéndoles: "Al que yo bese, ese es; arréstenlo." Así que, acercándose a Jesús, dijo:

—¡Buenas noches, Maestro!

Y lo besó.

Pedro quiere defender a Jesús

Juan 18.10–11; Lucas 22.51b–53

Entonces Simón Pedro, que tenía una espada, la sacó y le cortó la oreja derecha a uno llamado Malco, que era criado del sumo sacerdote. Jesús le dijo a Pedro:

—Vuelve a poner la espada en su lugar. Si el Padre me da a beber este trago amargo, ¿acaso no habré de beberlo?

Y le tocó la oreja al criado, y lo sanó. Luego dijo a los jefes de los sacerdotes, a los oficiales del templo y a los ancianos, que habían venido a llevárselo:

—¿Por qué han venido ustedes con espadas y con palos, como si yo fuera un bandido? Todos los días he estado con ustedes en el templo, y no trataron de arrestarme. Pero esta es la hora de ustedes, la hora del poder de las tinieblas.

Arrestan a Jesús

Juan 18.12–14

Los soldados de la tropa, con su comandante y los guardianes judíos del templo, arrestaron a Jesús y lo ataron. Lo llevaron primero a la casa de Anás, porque era suegro de Caifás, sumo sacerdote aquel año. Este Caifás era el mismo que había dicho a los judíos que era mejor para ellos que un solo hombre muriera por el pueblo.

Pedro niega a Jesús

Lucas 22.54b–62

[Después] lo llevaron a la casa del sumo sacerdote. Pedro lo seguía de lejos. Allí, en medio del patio, habían hecho fuego, y se sentaron alrededor; y Pedro se sentó también entre ellos. En esto, una sirvienta, al verlo sentado junto al fuego, se quedó mirándolo y dijo:

—También este estaba con él.

Pero Pedro lo negó, diciendo:

—Mujer, yo no lo conozco.

Poco después, otro lo vio y dijo:

—Tú también eres de ellos.

Pedro contestó:

—No, hombre, no lo soy.

Como una hora después, otro insistió:

—Seguro que este estaba con él. Además es de Galilea.

Pedro dijo:

—Hombre, no sé de qué hablas.

En ese mismo momento, mientras Pedro aún estaba hablando, cantó un gallo. Entonces el Señor se volvió y miró a Pedro, y Pedro se acordó de que el Señor le había dicho: "Hoy, antes que el gallo cante, me negarás tres veces." Y salió Pedro de allí y lloró amargamente.

Jesús ante la Junta Suprema

Marcos 14.53b,55–65; 15.1

Se juntaron todos los jefes de los sacerdotes, los ancianos y los maestros de la ley.

Los jefes de los sacerdotes y toda la Junta Suprema buscaban alguna prueba para condenar a muerte a Jesús; pero no la encontraban. Porque aunque muchos presentaban falsos testimonios contra él, se contradecían unos a otros. Algunos se levantaron y lo acusaron falsamente, diciendo:

—Nosotros lo hemos oído decir: 'Yo voy a destruir este templo que hicieron los hombres, y en tres días levantaré otro no hecho por los hombres.'

Pero ni aun así estaban de acuerdo en lo que decían.

Entonces el sumo sacerdote se levantó en medio de todos, y preguntó a Jesús:

—¿No contestas nada? ¿Qué es esto que están diciendo contra ti?

Pero Jesús se quedó callado, sin contestar nada. El sumo sacerdote volvió a preguntarle:

—¿Eres tú el Mesías, el Hijo del Dios bendito?

Jesús le dijo:

—Sí, yo soy. Y ustedes verán al Hijo del hombre sentado a la derecha del Todopoderoso, y viniendo en las nubes del cielo.

Entonces el sumo sacerdote se rasgó las ropas en señal de indignación, y dijo:

—¿Qué necesidad tenemos de más testigos? Ustedes lo han oído decir palabras ofensivas contra Dios.

¿Qué les parece?

Todos estuvieron de acuerdo en que era culpable y debía morir.

Algunos comenzaron a escupirlo, y a taparle los ojos y golpearlo, diciéndole:

—¡Adivina quién te pegó!

Y los guardianes del templo le pegaron en la cara.

Al amanecer, se reunieron los jefes de los sacerdotes con los ancianos y los maestros de la ley: toda la Junta Suprema. Y llevaron a Jesús atado, y se lo entregaron a Pilato.

Jesús ante Herodes

Lucas 23.7–12

[Pilato,] al saber que Jesús era de la jurisdicción de Herodes, se lo envió, pues él también se encontraba aquellos días en Jerusalén. Al ver a Jesús, Herodes se puso muy contento, porque durante mucho tiempo había querido verlo, pues había oído hablar de él y esperaba verlo hacer algún milagro. Le hizo muchas preguntas, pero Jesús no le contestó nada. También estaban allí los jefes de los sacerdotes y los maestros de la ley, que lo acusaban con gran insistencia. Entonces Herodes y sus soldados lo trataron con desprecio, y para burlarse de él lo vistieron con ropas lujosas, como de rey. Luego Herodes lo envió nuevamente a Pilato. Aquel día se hicieron amigos Pilato y Herodes, que antes eran enemigos.

Jesús ante Pilato

Juan 18.28a,28c–40

Llevaron a Jesús al palacio del
gobernador romano. Como ya
comenzaba a amanecer, los judíos
no entraron en el palacio, pues de lo
contrario faltarían a las leyes sobre
la pureza ritual y entonces no
podrían comer la cena de Pascua.
Por eso Pilato salió a hablarles. Les
dijo:

—¿De qué acusan a este hombre?

—Si no fuera un criminal —le
contestaron—, no te lo habríamos
entregado.

Pilato les dijo:

—Llévenselo ustedes, y júzguenlo
conforme a su propia ley.

Pero las autoridades judías
contestaron:

—Los judíos no tenemos el
derecho de dar muerte a nadie.

Así se cumplió lo que Jesús había
dicho sobre la manera en que tendría
que morir. Pilato volvió a entrar en
el palacio, llamó a Jesús y le
preguntó:

—¿Eres tú el Rey de los judíos?

Jesús le dijo:

—¿Eso lo preguntas tú por tu
cuenta, o porque otros te lo han
dicho de mí?

Le contestó Pilato:

—¿Acaso yo soy judío? Los de tu
nación y los jefes de los sacerdotes
son los que te han entregado a mí.
¿Qué has hecho?

Jesús le contestó:

—Mi reino no es de este mundo. Si lo fuera, tendría gente a mi servicio que pelearía para que yo no fuera entregado a los judíos. Pero mi reino no es de aquí.

Le preguntó entonces Pilato:

—¿Así que tú eres rey?

Jesús le contestó:

—Tú lo has dicho: soy rey. Yo nací y vine al mundo para decir lo que es la verdad. Y todos los que pertenecen a la verdad, me escuchan.

Pilato le dijo:

—¿Y qué es la verdad?

Después de hacer esta pregunta, Pilato salió otra vez a hablar con los judíos, y les dijo:

—Yo no encuentro ningún delito en este hombre. Pero ustedes tienen la costumbre de que yo les suelte un preso durante la fiesta de la Pascua: ¿quieren que les deje libre al Rey de los judíos?

Todos volvieron a gritar:

—¡A ese no! ¡Suelta a Barrabás!

Y Barrabás era un bandido.

Jesús es condenado a muerte

Juan 19.1–16

Pilato tomó entonces a Jesús y mandó azotarlo. Los soldados trenzaron una corona de espinas, la pusieron en la cabeza de Jesús y lo vistieron con una capa de color rojo oscuro. Luego se acercaron a él, diciendo:

—¡Viva el Rey de los judíos!

Y le pegaban en la cara.

Pilato volvió a salir, y les dijo:

—Miren, aquí lo traigo, para que se den cuenta de que no encuentro en él ningún delito.

Salió, pues, Jesús, con la corona de espinas en la cabeza y vestido con aquella capa de color rojo oscuro. Pilato dijo:

—¡Ahí tienen a este hombre!

Cuando lo vieron los jefes de los sacerdotes y los guardianes del templo, comenzaron a gritar:

—¡Crucifícalo! ¡Crucifícalo!

Pilato les dijo:

—Pues llévenselo y crucifíquenlo ustedes, porque yo no encuentro ningún delito en él.

Las autoridades judías le contestaron:

336

—Nosotros tenemos una ley, y según nuestra ley debe morir, porque se ha hecho pasar por Hijo de Dios.

Al oir esto, Pilato tuvo más miedo todavía. Entró de nuevo en el palacio y le preguntó a Jesús:

—¿De dónde eres tú?

Pero Jesús no le contestó nada. Pilato le dijo:

—¿Es que no me vas a contestar? ¿No sabes que tengo autoridad para crucificarte, lo mismo que para ponerte en libertad?

Entonces Jesús le contestó:

—No tendrías ninguna autoridad sobre mí, si Dios no te lo hubiera permitido; por eso, el que me entregó a ti es más culpable de pecado que tú.

Desde aquel momento, Pilato buscaba la manera de dejar libre a Jesús; pero los judíos le gritaron:

—¡Si lo dejas libre, no eres amigo del emperador! ¡Cualquiera que se hace rey, es enemigo del emperador!

Pilato, al oir esto, sacó a Jesús, y luego se sentó en el tribunal, en el lugar que en hebreo se llamaba Gabatá, que quiere decir El Empedrado. Era el día antes de la Pascua, como al mediodía. Pilato dijo a los judíos:

—¡Ahí tienen a su rey!

Pero ellos gritaron:

—¡Fuera! ¡Fuera! ¡Crucifícalo!

Pilato les preguntó:

—¿Acaso voy a crucificar a su rey?

Y los jefes de los sacerdotes le contestaron:

—¡Nosotros no tenemos más rey que el emperador!

Entonces Pilato les entregó a Jesús para que lo crucificaran, y ellos se lo llevaron.

La crucificción

Lucas 23.26–33

Cuando llevaron a Jesús a crucificarlo, echaron mano de un hombre de Cirene llamado Simón, que venía del campo, y lo hicieron cargar con la cruz y llevarla detrás de Jesús.

Mucha gente y muchas mujeres que lloraban y gritaban de tristeza por él, lo seguían. Pero Jesús las miró y les dijo:

—Mujeres de Jerusalén, no lloren por mí, sino por ustedes mismas y por sus hijos. Porque vendrán días en que se dirá: 'Dichosas las que no pueden tener hijos, las mujeres que no dieron a luz ni tuvieron hijos que criar.' Entonces comenzará la gente a decir a los montes: '¡Caigan sobre nosotros!', y a las colinas: '¡Escóndannos!' Porque si con el árbol verde hacen todo esto, ¿qué no harán con el seco?

341

También llevaban a dos criminales, para crucificarlos junto con Jesús. Cuando llegaron al sitio llamado La Calavera, crucificaron a Jesús y a los dos criminales, uno a su derecha y otro a su izquierda.

343

Jesús en la cruz

Lucas 23.34–38; Juan 19.25–27

Jesús dijo: "Padre, perdónalos, porque no saben lo que hacen."

Y los soldados echaron suertes para repartirse entre sí la ropa de Jesús. La gente estaba allí mirando; y hasta las autoridades se burlaban de él, diciendo:

—Salvó a otros; que se salve a sí mismo ahora, si de veras es el Mesías de Dios y su escogido.

Los soldados también se burlaban de Jesús. Se acercaban y le daban a beber vino agrio, diciéndole:

—¡Si tú eres el Rey de los judíos, sálvate a ti mismo!

Y había un letrero sobre su cabeza, que decía: "Este es el Rey de los judíos."

Junto a la cruz de Jesús estaban su madre, y la hermana de su madre, María, esposa de Cleofás, y María Magdalena. Cuando Jesús vio a su madre, y junto a ella al discípulo a quien él quería mucho, dijo a su madre:

—Mujer, ahí tienes a tu hijo.

Luego le dijo al discípulo:

—Ahí tienes a tu madre.

Desde entonces, ese discípulo la recibió en su casa.

La muerte de Jesús

Lucas 23.39–44; Juan 19.28–30

Uno de los criminales que estaban colgados, lo insultaba:

—¡Si tú eres el Mesías, sálvate a ti mismo y sálvanos también a nosotros!

Pero el otro reprendió a su compañero, diciéndole:

344

345

—¿No tienes temor de Dios, tú que estás bajo el mismo castigo? Nosotros estamos sufriendo con toda razón, porque estamos pagando el justo castigo de lo que hemos hecho; pero este hombre no hizo nada malo.

Luego añadió:

—Jesús, acuérdate de mí cuando comiences a reinar.

Jesús le contestó:

—Te aseguro que hoy estarás conmigo en el paraíso.

Desde el mediodía y hasta las tres de la tarde, toda la tierra quedó en oscuridad.

Después de esto, como Jesús sabía que ya todo se había cumplido, y para que se cumpliera la Escritura, dijo:

—Tengo sed.

Había allí un jarro lleno de vino agrio. Empaparon una esponja en el vino, la ataron a una rama de hisopo y se la acercaron a la boca. Jesús bebió el vino agrio, y dijo:

—Todo está cumplido.

Luego inclinó la cabeza y entregó el espíritu.

La cortina del templo se rompe

Mateo 27.51–54

En aquel momento el velo del templo se rasgó en dos, de arriba abajo. La tierra tembló, las rocas se partieron y los sepulcros se abrieron; y hasta muchas personas santas, que habían muerto, volvieron a la vida. Entonces salieron de sus tumbas, después de la resurrección de Jesús, y entraron en la santa ciudad de Jerusalén, donde mucha gente los vio.

Cuando el capitán y los que estaban con él vigilando a Jesús vieron el terremoto y todo lo que estaba pasando, se llenaron de miedo y dijeron:

—¡De veras este hombre era Hijo de Dios!

Entierran a Jesús

Juan 19.31–34; Mateo 27.57–61

Era el día antes de la Pascua, y los judíos no querían que los cuerpos quedaran en las cruces durante el sábado, pues precisamente aquel sábado era muy solemne. Por eso le pidieron a Pilato que ordenara quebrar las piernas a los crucificados y que quitaran de allí los cuerpos. Los soldados fueron entonces y le quebraron las piernas al primero, y también al otro que estaba crucificado junto a Jesús. Pero al acercarse a Jesús, vieron que ya estaba muerto. Por eso no le quebraron las piernas.

Sin embargo, uno de los soldados le atravesó el costado con una lanza, y al momento salió sangre y agua.

Cuando ya anochecía, llegó un hombre rico llamado José, natural de Arimatea, que también se había hecho seguidor de Jesús. José fue a ver a Pilato y le pidió el cuerpo de Jesús. Pilato ordenó que se lo dieran, y José tomó el cuerpo, lo envolvió en una sábana de lino limpia y lo puso en un sepulcro nuevo, de su propiedad, que había hecho cavar en la roca. Después de tapar la entrada del sepulcro con una gran piedra, se fue. Pero María Magdalena y la otra María se quedaron sentadas frente al sepulcro.

349

350

Los guardas en la tumba

Mateo 27.62–66

Al día siguiente, es decir, el sábado, los jefes de los sacerdotes y los fariseos fueron juntos a ver a Pilato, y le dijeron:

—Señor, recordamos que aquel mentiroso, cuando aún vivía, dijo que después de tres días iba a resucitar. Por eso, mande usted asegurar el sepulcro hasta el tercer día, no sea que vengan sus discípulos y roben el cuerpo, y después digan a la gente que ha resucitado. En tal caso, la última mentira sería peor que la primera.

Pilato les dijo:

—Ahí tienen ustedes soldados de guardia. Vayan y aseguren el sepulcro lo mejor que puedan.

Fueron, pues, y aseguraron el sepulcro poniendo un sello sobre la piedra que lo tapaba; y dejaron allí los soldados de guardia.

La tumba vacía

Mateo 28.1–10

Pasado el sábado, cuando al anochecer comenzaba el primer día de la semana, María Magdalena y la otra María fueron a ver el sepulcro. De pronto hubo un fuerte temblor de tierra, porque un ángel del Señor bajó del cielo y, acercándose al sepulcro, quitó la piedra que lo tapaba y se sentó sobre ella. El ángel brillaba como un relámpago, y su ropa era blanca como la nieve. Al verlo, los soldados temblaron de miedo y quedaron como muertos. El ángel dijo a las mujeres:

—No tengan miedo. Yo sé que

están buscando a Jesús, el que fue crucificado. No está aquí, sino que ha resucitado, como dijo. Vengan a ver el lugar donde lo pusieron. Vayan pronto y digan a los discípulos: 'Ha resucitado, y va a Galilea para reunirlos de nuevo; allí lo verán.' Esto es lo que yo tenía que decirles.

Las mujeres se fueron rápidamente del sepulcro, con miedo y mucha alegría a la vez, y corrieron a llevar la noticia a los discípulos. En eso, Jesús se presentó ante ellas y las saludó. Ellas se acercaron a Jesús y lo adoraron, abrazándole los pies, y él les dijo:

—No tengan miedo. Vayan a decir a mis hermanos que se dirijan a Galilea, y que allá me verán.

353

Jesús se aparece a María

Juan 20.2–18

Entonces [María Magdalena] se fue corriendo a donde estaban Simón Pedro y el otro discípulo, aquel a quien Jesús quería mucho, y les dijo:

—¡Se han llevado del sepulcro al Señor, y no sabemos dónde lo han puesto!

Pedro y el otro discípulo salieron y fueron al sepulcro. Los dos iban corriendo juntos; pero el otro corrió más que Pedro y llegó primero al sepulcro. Se agachó a mirar, y vio allí las vendas, pero no entró. Detrás de él llegó Simón Pedro, y entró en el sepulcro. Él también vio allí las vendas; y además vio que la tela que había servido para envolver la cabeza de Jesús no estaba junto a las vendas, sino enrollada y puesta aparte. Entonces entró también el otro discípulo, el que había llegado primero al sepulcro, y vio lo que había pasado, y creyó. Pues todavía no habían entendido lo que dice la Escritura, que él tenía que resucitar. Luego, aquellos discípulos regresaron a su casa.

María se quedó afuera, junto al sepulcro, llorando. Y llorando como estaba, se agachó para mirar dentro, y vio dos ángeles vestidos de blanco, sentados donde había estado el cuerpo de Jesús; uno a la cabecera y otro a los pies. Los ángeles le preguntaron:

—Mujer, ¿por qué lloras?

Ella les dijo:

—Porque se han llevado a mi Señor, y no sé dónde lo han puesto.

Apenas dijo esto, volvió la cara y vio allí a Jesús, pero no sabía que era él. Jesús le preguntó:

—Mujer, ¿por qué lloras? ¿A quién buscas?

Ella, pensando que era el que cuidaba el huerto, le dijo:

—Señor, si usted se lo ha llevado, dígame dónde lo ha puesto, para que yo vaya a buscarlo.

Jesús entonces le dijo:

—¡María!

Ella se volvió y le dijo en hebreo:

—¡Rabuni! (que quiere decir: "Maestro").

Jesús le dijo:

—No me retengas, porque todavía no he ido a reunirme con mi Padre.

Pero ve y di a mis hermanos que voy
a reunirme con el que es mi Padre y
Padre de ustedes, mi Dios y Dios de
ustedes.

Entonces María Magdalena fue y
contó a los discípulos que había
visto al Señor, y también les contó
lo que él le había dicho.

Jesús se aparece a los discípulos

Juan 20.19; Lucas 24.37–45; Juan 20.21–23

Al llegar la noche de aquel mismo día, el primero de la semana, los discípulos se habían reunido con las puertas cerradas por miedo a las autoridades judías. Jesús entró y, poniéndose en medio de los discípulos, los saludó diciendo:

—¡Paz a ustedes!

Ellos se asustaron mucho, pensando que estaban viendo un espíritu. Pero Jesús les dijo:

—¿Por qué están asustados? ¿Por qué tienen esas dudas en su corazón? Miren mis manos y mis pies. Soy yo mismo. Tóquenme y vean: un espíritu no tiene carne ni huesos, como ustedes ven que tengo yo.

Al decirles esto, les enseñó las manos y los pies. Pero como ellos no acababan de creerlo, a causa de la alegría y el asombro que sentían, Jesús les preguntó:

—¿Tienen aquí algo que comer?

Le dieron un pedazo de pescado asado, y él lo aceptó y lo comió en su presencia. Luego les dijo:

—Lo que me ha pasado es aquello que les anuncié cuando estaba todavía con ustedes: que había de cumplirse todo lo que está escrito de mí en la ley de Moisés, en los libros de los profetas y en los salmos.

Entonces hizo que entendieran las Escrituras.

Luego Jesús les dijo otra vez:

—¡Paz a ustedes! Como el Padre me envió a mí, así yo los envío a ustedes.

Y sopló sobre ellos, y les dijo:

—Reciban el Espíritu Santo. A quienes ustedes perdonen los pecados, les quedarán perdonados; y a quienes no se los perdonen, les quedarán sin perdonar.

357

Jesús y Tomás

Juan 20.24–29

Tomás, uno de los doce discípulos, al que llamaban el Gemelo, no estaba con ellos cuando llegó Jesús. Después los otros discípulos le dijeron:

—Hemos visto al Señor.

Pero Tomás les contestó:

—Si no veo en sus manos las heridas de los clavos, y si no meto mi dedo en ellas y mi mano en su costado, no lo podré creer.

Ocho días después, los discípulos se habían reunido de nuevo en una casa, y esta vez Tomás estaba también. Tenían las puertas cerradas, pero Jesús entró, se puso en medio de ellos y los saludó, diciendo:

—¡Paz a ustedes!

Luego dijo a Tomás:

—Mete aquí tu dedo, y mira mis manos; y trae tu mano y métela en mi costado. No seas incrédulo; ¡cree!

Tomás entonces exclamó:

—¡Mi Señor y mi Dios!

Jesús le dijo:

—¿Crees porque me has visto? ¡Dichosos los que creen sin haber visto!

Una mañana en la playa

Juan 21.1–14

Después de esto, Jesús se apareció otra vez a sus discípulos, a orillas del Lago de Tiberias. Sucedió de esta manera: Estaban juntos Simón Pedro, Tomás, al que llamaban el Gemelo, Natanael, que era de Caná de Galilea, los hijos de Zebedeo y otros dos discípulos de Jesús. Simón Pedro les dijo:

—Voy a pescar.

Ellos contestaron:

—Nosotros también vamos contigo.

Fueron, pues, y subieron a una barca; pero aquella noche no pescaron nada. Cuando comenzaba a amanecer, Jesús se apareció en la orilla, pero los discípulos no sabían que era él. Jesús les preguntó:

—Muchachos, ¿no tienen pescado?

Ellos le contestaron:

—No.

Jesús les dijo:

—Echen la red a la derecha de la barca, y pescarán.

Así lo hicieron, y después no podían sacar la red por los muchos pescados que tenía. Entonces el discípulo a quien Jesús quería mucho, le dijo a Pedro:

—¡Es el Señor!

Apenas oyó Simón Pedro que era el Señor, se vistió, porque estaba sin ropa, y se tiró al agua. Los otros discípulos llegaron a la playa con la barca, arrastrando la red llena de pescados, pues estaban a cien metros escasos de la orilla. Al bajar a tierra, encontraron un fuego encendido, con un pescado encima, y pan. Jesús les dijo:

—Traigan algunos pescados de los que acaban de sacar.

Simón Pedro subió a la barca y arrastró hasta la playa la red llena de grandes pescados, ciento cincuenta y tres; y aunque eran tantos, la red no se rompió. Jesús les dijo:

—Vengan a desayunarse.

Ninguno de los discípulos se atrevía a preguntarle quién era, porque sabían que era el Señor. Luego Jesús se acercó, tomó en sus manos el pan y se lo dio a ellos; y lo mismo hizo con el pescado.

Esta fue la tercera vez que Jesús se apareció a sus discípulos después de haber resucitado.

"¿Me amas, Simón?"

Juan 21.15–19

Terminado el desayuno, Jesús le preguntó a Simón Pedro:

—Simón, hijo de Juan, ¿me amas más que estos?

Pedro le contestó:

—Sí, Señor, tú sabes que te quiero.

Jesús le dijo:

—Cuida de mis corderos.

Volvió a preguntarle:

—Simón, hijo de Juan, ¿me amas?
Pedro le contestó:

—Sí, Señor, tú sabes que te quiero.
Jesús le dijo:

—Cuida de mis ovejas.

Por tercera vez le preguntó:

—Simón, hijo de Juan, ¿me
quieres?

Pedro, triste porque le había
preguntado por tercera vez si lo
quería, le contestó:

—Señor, tú lo sabes todo: tú sabes
que te quiero.

Jesús le dijo:

—Cuida de mis ovejas. Te
aseguro que cuando eras más joven,
te vestías para ir a donde querías;
pero cuando ya seas viejo,
extenderás los brazos y otro te
vestirá, y te llevará a donde no
quieras ir.

Al decir esto, Jesús estaba dando a
entender de qué manera Pedro iba a
morir y a glorificar con su muerte a
Dios. Después le dijo:

—¡Sígueme!

361

Jesús sube al cielo

Hechos 1.3–11

Y después de muerto, [Jesús] se presentó en persona [a los apóstoles,] dando así claras pruebas de que estaba vivo. Durante cuarenta días se dejó ver de ellos y les estuvo hablando del reino de Dios.

Cuando todavía estaba con los apóstoles, Jesús les advirtió que no debían irse de Jerusalén. Les dijo:

—Esperen a que se cumpla la promesa que mi Padre les hizo, de la cual yo les hablé. Es cierto que Juan bautizó con agua, pero dentro de pocos días ustedes serán bautizados con el Espíritu Santo.

Los que estaban reunidos con Jesús, le preguntaron:

—Señor, ¿vas a restablecer en este momento el reino de Israel?

Jesús les contestó:

—No les corresponde a ustedes conocer el día o el momento que el Padre ha fijado con su propia autoridad; pero cuando el Espíritu Santo venga sobre ustedes, recibirán poder y saldrán a dar testimonio de mí, en Jerusalén, en toda la región de Judea y de Samaria, y hasta en las partes más lejanas de la tierra.

Dicho esto, mientras ellos lo estaban mirando, Jesús fue levantado, y una nube lo envolvió y no lo volvieron a ver. Y mientras miraban fijamente al cielo, viendo cómo Jesús se alejaba, dos hombres vestidos de blanco se aparecieron junto a ellos y les dijeron:

—Galileos, ¿por qué se han quedado mirando al cielo? Este mismo Jesús que estuvo entre ustedes y que ha sido llevado al cielo, vendrá otra vez de la misma manera que lo han visto irse allá.

La venida del Espíritu Santo

Hechos 2.1–17a

Cuando llegó la fiesta de Pentecostés, todos los creyentes se encontraban reunidos en un mismo lugar. De repente, un gran ruido que venía del cielo, como de un viento fuerte, resonó en toda la casa donde ellos estaban. Y se les aparecieron lenguas como de fuego que se repartieron, y sobre cada uno de ellos se asentó una. Y todos quedaron llenos del Espíritu Santo, y comenzaron a hablar en otras lenguas, según el Espíritu hacía que hablaran.

Vivían en Jerusalén judíos cumplidores de sus deberes religiosos, que habían venido de todas partes del mundo. La gente se reunió al oir aquel ruido, y no sabía qué pensar, porque cada uno oía a los creyentes hablar en su propia lengua. Eran tales su sorpresa y su asombro, que decían:

—¿Acaso no son galileos todos estos que están hablando? ¿Cómo es que los oímos hablar en nuestras propias lenguas? Aquí hay gente de Partia, de Media, de Elam, de Mesopotamia, de Judea, de Capadocia, del Ponto y de la provincia de Asia, de Frigia y de Panfilia, de Egipto y de las regiones de Libia cercanas a Cirene. Hay también gente de Roma que vive aquí; unos son judíos de nacimiento y otros se han convertido al judaísmo. También los hay venidos de Creta y de Arabia. ¡Y los oímos hablar en nuestras propias lenguas de las maravillas de Dios!

Todos estaban asombrados y sin

saber qué pensar; y se preguntaban:

—¿Qué significa todo esto?

Pero algunos, burlándose, decían:

—¡Es que están borrachos!

Entonces Pedro se puso de pie junto con los otros once apóstoles, y con voz fuerte dijo: "Judíos y todos los que viven en Jerusalén, sepan ustedes esto y oigan bien lo que les voy a decir. Estos no están borrachos como ustedes creen, ya que apenas son las nueve de la mañana. Al contrario, aquí está sucediendo lo que anunció el profeta Joel, cuando dijo:

'Sucederá que en los últimos días, dice Dios,
derramaré mi Espíritu sobre toda la humanidad.'

Un paralítico es sanado

Hechos 2.43,47b; 3.1–2a,3–8

Todos estaban asombrados a causa de los muchos milagros y señales que Dios hacía por medio de los apóstoles. Y cada día el Señor hacía crecer la comunidad con el número de los que él iba llamando a la salvación.

Un día, Pedro y Juan fueron al templo para la oración de las tres de la tarde. Allí, en el templo, estaba un hombre paralítico de nacimiento. Cuando el paralítico vio a Pedro y a Juan, que estaban a punto de entrar en el templo, les pidió una limosna. Ellos lo miraron fijamente, y Pedro le dijo:

—Míranos.

El hombre puso atención, creyendo que le iban a dar algo. Pero Pedro le dijo:

365

—No tengo plata ni oro, pero lo que tengo te doy: en el nombre de Jesucristo de Nazaret, levántate y anda.

Dicho esto, Pedro lo tomó por la mano derecha y lo levantó, y en el acto cobraron fuerzas sus pies y sus tobillos. El paralítico se puso en pie de un salto y comenzó a andar; luego entró con ellos en el templo, por su propio pie, brincando y alabando a Dios.

Pedro y Juan en dificultades

Hechos 3.11–13,15–16; 4.1–5,7–10,12–13, 15–16,18–21

El paralítico que había sido sanado no soltaba a Pedro y a Juan. Toda la gente, admirada, corrió a la parte del templo que se llama Pórtico de Salomón, donde ellos estaban.

Pedro, al ver esto, les dijo: "¿Por qué se asombran ustedes, israelitas? ¿Por qué nos miran como si nosotros mismos hubiéramos sanado a este hombre y lo hubiéramos hecho andar por medio de algún poder nuestro o por nuestra piedad? El Dios de Abraham, de Isaac y de Jacob, el Dios de nuestros antepasados, ha dado el más alto honor a su siervo Jesús, a quien ustedes entregaron a las autoridades y a quien ustedes rechazaron, después que Pilato había decidido soltarlo. Y así mataron ustedes al que nos lleva a la vida. Pero Dios lo resucitó, y de esto nosotros somos testigos. Lo que ha hecho cobrar fuerzas a este hombre que ustedes ven y conocen, es la fe en el nombre de Jesús. Esa fe en Jesús es la que lo ha hecho sanar completamente, como todos ustedes pueden ver.

Todavía Pedro y Juan estaban hablándole a la gente, cuando llegaron los sacerdotes, con el jefe de la guardia del templo y con los saduceos. Estaban enojados porque Pedro y Juan enseñaban a la gente y decían que la resurrección de los muertos había quedado demostrada en el caso de Jesús. Los arrestaron y, como ya era tarde, los metieron en la cárcel hasta el día siguiente. Pero muchos de los que habían escuchado el mensaje, creyeron; y el número de creyentes, contando solamente los hombres, llegó a cerca de cinco mil.

Al día siguiente se reunieron en Jerusalén los jefes de los judíos, los ancianos y los maestros de la ley. Ordenaron que les llevaran a Pedro y a Juan, y poniéndolos en medio de ellos les preguntaron:

—¿Con qué autoridad, o en nombre de quién han hecho ustedes estas cosas?

Pedro, lleno del Espíritu Santo, les contestó:

—Jefes del pueblo y ancianos: ustedes nos preguntan acerca del bien hecho a un enfermo, para saber de qué manera ha sido sanado. Pues bien, declaramos ante ustedes y ante todo el pueblo de Israel que este hombre que está aquí, delante de todos, ha sido sanado en el nombre de Jesucristo de Nazaret, el mismo a quien ustedes crucificaron y a quien Dios resucitó. En ningún otro hay salvación, porque en todo el mundo Dios no nos ha dado otra persona por la cual podamos salvarnos.

Cuando las autoridades vieron la

367

valentía con que hablaban Pedro y Juan, y se dieron cuenta de que eran hombres sin estudios ni cultura, se quedaron sorprendidos, y reconocieron que eran discípulos de Jesús. Entonces los mandaron salir de la reunión, y se quedaron discutiendo unos con otros. Decían:

—¿Qué vamos a hacer con estos hombres? Todos los habitantes de Jerusalén saben que han hecho esta señal milagrosa, y no lo podemos negar.

Así que los llamaron y les ordenaron que no hablaran ni enseñaran nada acerca del nombre de Jesús. Pero Pedro y Juan les contestaron:

—Juzguen ustedes mismos si es justo delante de Dios obedecerlos a ustedes en lugar de obedecerlo a él. Nosotros no podemos dejar de decir lo que hemos visto y oído.

Las autoridades los amenazaron, pero los dejaron libres. No encontraron cómo castigarlos, porque toda la gente alababa a Dios por lo que había pasado.

Un ángel libera a los apóstoles

Hechos 5.12–14,17–20

Por medio de los apóstoles se hacían muchas señales y milagros entre la gente; y todos se reunían en el Pórtico de Salomón. Ninguno de los otros se atrevía a juntarse con ellos, pero la gente los tenía en alta estima. Y aumentó el número de personas, tanto hombres como mujeres, que creyeron en el Señor.

El sumo sacerdote y los del partido de los saduceos que estaban con él, se llenaron de envidia, y arrestaron a los apóstoles y los metieron en la cárcel pública. Pero un ángel del Señor abrió de noche las puertas de la cárcel y los sacó, diciéndoles: "Vayan y, de pie en el templo, cuenten al pueblo todo este mensaje de vida."

Los apóstoles ante la Junta Suprema

Hechos 5.21–23,25–35,38–42

Conforme a esto que habían oído, al día siguiente entraron temprano en el templo y comenzaron a enseñar.

Entonces, el sumo sacerdote y los que estaban con él llamaron a todos los ancianos israelitas a una reunión de la Junta Suprema, y mandaron traer de la cárcel a los apóstoles. Pero cuando los guardias llegaron a la cárcel, no los encontraron. Así que volvieron con la noticia, diciendo:

—Encontramos la cárcel perfectamente cerrada, y a los soldados vigilando delante de las puertas; pero cuando abrimos, no encontramos a nadie dentro.

En aquel momento llegó uno, que les dijo:

—Los que ustedes metieron en la cárcel, están en el templo enseñando al pueblo.

El jefe de la guardia, junto con los guardias, fue a buscarlos; pero no los maltrataron, porque tenían miedo de ser apedreados por la gente. Al llegar, los llevaron ante la Junta Suprema, y el sumo sacerdote les dijo:

—Nosotros les habíamos prohibido terminantemente que enseñaran nada relacionado con ese hombre. ¿Y qué han hecho ustedes? Han llenado toda Jerusalén con esas enseñanzas, y encima quieren echarnos la culpa de la muerte de ese hombre.

Pedro y los demás apóstoles contestaron:

—Es nuestro deber obedecer a Dios antes que a los hombres. El Dios de nuestros antepasados resucitó a Jesús, el mismo a quien ustedes mataron colgándolo en una cruz. Dios lo ha levantado y lo ha puesto a su derecha, y lo ha hecho Guía y Salvador, para que la nación de Israel se vuelva a Dios y reciba el perdón de sus pecados. De esto somos testigos nosotros, y también lo es el Espíritu Santo, que Dios ha dado a los que le obedecen.

Cuando oyeron esto, se enfurecieron y quisieron matarlos. Pero entre aquellas autoridades había un fariseo llamado Gamaliel, que era un maestro de la ley muy respetado por el pueblo. Este se puso de pie y mandó que por un momento sacaran de allí a los apóstoles. Luego dijo a las demás autoridades:

—Israelitas, tengan cuidado con lo que van a hacer con estos hombres. Porque si este asunto es cosa de los hombres, pasará; pero si es cosa de Dios, no podrán ustedes vencerlos. Tengan cuidado, no se vayan a encontrar luchando contra Dios.

Ellos le hicieron caso. Así que llamaron a los apóstoles, los azotaron y les prohibieron seguir hablando en el nombre de Jesús; después los soltaron. Los apóstoles salieron de la presencia de las autoridades muy contentos, porque Dios les había concedido el honor de sufrir injurias por causa del nombre de Jesús. Todos los días enseñaban y anunciaban la buena noticia de Jesús el Mesías, tanto en el templo como por las casas.

Esteban

Hechos 6.8–9a,9c,10–14; 7.1–2a,51b–58a, 59–60

Esteban, lleno del poder y la bendición de Dios, hacía milagros y señales entre el pueblo. Algunos de la sinagoga comenzaron a discutir con Esteban; pero no podían hacerle frente, porque hablaba con la sabiduría que le daba el Espíritu Santo. Pagaron entonces a unos para que afirmaran que lo habían oído decir palabras ofensivas contra Moisés y contra Dios. De este modo alborotaron al pueblo, a los ancianos y a los maestros de la ley; por lo cual atacaron a Esteban, lo apresaron y lo llevaron ante la Junta Suprema. Además buscaron testigos falsos, que dijeron:

—Ese hombre no deja de hablar contra este santo templo y contra la ley. Le hemos oído decir que ese Jesús de Nazaret va a destruir el templo y que va a cambiar las costumbres que nos dejó Moisés.

El sumo sacerdote le preguntó a Esteban si lo que decían de él era cierto, y él contestó [ante la Junta Suprema]:

"Ustedes siempre han sido tercos, y tienen oídos y corazón paganos. Siempre están en contra del Espíritu Santo. Son iguales que sus antepasados. ¿A cuál de los profetas no maltrataron los antepasados de ustedes? Ellos mataron a quienes habían hablado de la venida de aquel que es justo, y ahora que este justo ya ha venido, ustedes lo traicionaron y lo mataron. Ustedes, que recibieron la ley por medio de ángeles, no la obedecen."

Cuando oyeron estas cosas, se enfurecieron y rechinaron los dientes contra Esteban. Pero él, lleno del Espíritu Santo, miró al cielo y vio la gloria de Dios, y a Jesús de pie a la derecha de Dios. Entonces dijo:

—¡Miren! Veo los cielos abiertos, y al Hijo del hombre a la derecha de Dios.

Pero ellos se taparon los oídos, y dando fuertes gritos se lanzaron todos contra él. Lo sacaron de la ciudad y lo apedrearon.

Mientras lo apedreaban, Esteban oró, diciendo: "Señor Jesús, recibe mi espíritu." Luego se puso de rodillas y gritó con voz fuerte: "¡Señor, no les tomes en cuenta este pecado!"

La conversión de Saulo

Hechos 8.1b–3; 9.1b–8,10–11,13,15,17–18

Aquel mismo día comenzó una gran persecución contra la iglesia de Jerusalén. Todos, menos los apóstoles, se dispersaron por las regiones de Judea y de Samaria. Algunos hombres piadosos enterraron a Esteban y lloraron mucho por él. Mientras tanto, Saulo perseguía a la iglesia, y entraba de casa en casa para sacar a rastras a hombres y mujeres y mandarlos a la cárcel.

Por eso, se presentó al sumo sacerdote, y le pidió cartas de autorización para ir a las sinagogas de Damasco, a buscar a los que seguían el Nuevo Camino, tanto hombres como mujeres, y llevarlos presos a Jerusalén. Pero cuando ya se encontraba cerca de la ciudad de Damasco, una luz que venía del cielo brilló de repente a su alrededor. Saulo cayó al suelo, y oyó una voz que le decía: "Saulo, Saulo, ¿por qué me persigues?"

Saulo preguntó: "¿Quién eres, Señor?" La voz le contestó: "Yo soy Jesús, el mismo a quien estás persiguiendo. Levántate y entra en la ciudad; allí te dirán lo que debes hacer."

Los que viajaban con Saulo estaban muy asustados, porque habían oído la voz pero no habían visto a nadie. Luego, Saulo se levantó del suelo; pero cuando abrió los ojos, no podía ver. Así que lo tomaron de la mano y lo llevaron a Damasco.

En Damasco vivía un creyente que se llamaba Ananías, a quien el Señor se le presentó en una visión y le dijo: "¡Ananías!" Él contestó: "Aquí estoy, Señor."

El Señor le dijo: "Levántate y vete a la calle llamada Derecha, y en la casa de Judas pregunta por un hombre de Tarso que se llama Saulo. Está orando."

Al oir esto, Ananías dijo: "Señor, muchos me han hablado de ese hombre y de todos los males que ha causado en Jerusalén a tu pueblo santo."

Pero el Señor le dijo: "Ve, porque he escogido a ese hombre para que hable de mí a la gente de otras naciones, y a sus reyes, y también a los israelitas."

Ananías fue a la casa donde estaba Saulo. Al entrar, puso sus manos sobre él, y le dijo:

—Hermano Saulo, el Señor Jesús, el que se te apareció en el camino por donde venías, me ha mandado para que recobres la vista y quedes lleno del Espíritu Santo.

Al momento cayeron de los ojos de Saulo una especie de escamas, y recobró la vista. Entonces se levantó y fue bautizado.

La visión de la sábana llena de animales

Hechos 10.1–2a, 3–5, 7b–9a, 9c, 10b–16

Había en la ciudad de Cesarea un hombre que se llamaba Cornelio, capitán del batallón llamado el Italiano. Era un hombre piadoso que, junto con toda su familia, adoraba a Dios. Un día, a eso de las tres de la tarde, tuvo una visión:

Vio claramente a un ángel de Dios que entraba donde él estaba y le decía: "¡Cornelio!" Cornelio se quedó mirando al ángel, y con mucho miedo le preguntó: "¿Qué se te ofrece, señor?" El ángel le dijo: "Dios tiene presentes tus oraciones y lo que has hecho para ayudar a los necesitados. Manda a alguien a la ciudad de Jope para que haga venir a un hombre llamado Simón, que también es conocido como Pedro."

Cornelio llamó a dos de sus sirvientes y a un soldado que era muy religioso y de su confianza, y después de contárselo todo, los envió a Jope.

Al día siguiente, Pedro subió a orar a la azotea de la casa. Mientras le estaban preparando la comida, tuvo una visión: vio que el cielo se abría y que descendía a la tierra algo parecido a una gran sábana, bajada por las cuatro puntas. En la sábana había toda clase de cuadrúpedos, y también reptiles y aves. Y oyó una voz, que le dijo: "Levántate, Pedro; mata y come."

Pedro contestó: "No, Señor; yo nunca he comido nada profano ni impuro." La voz le habló de nuevo, y le dijo: "Lo que Dios ha purificado, no lo llames tú profano."

Esto sucedió tres veces, y luego la sábana volvió a subir al cielo.

375

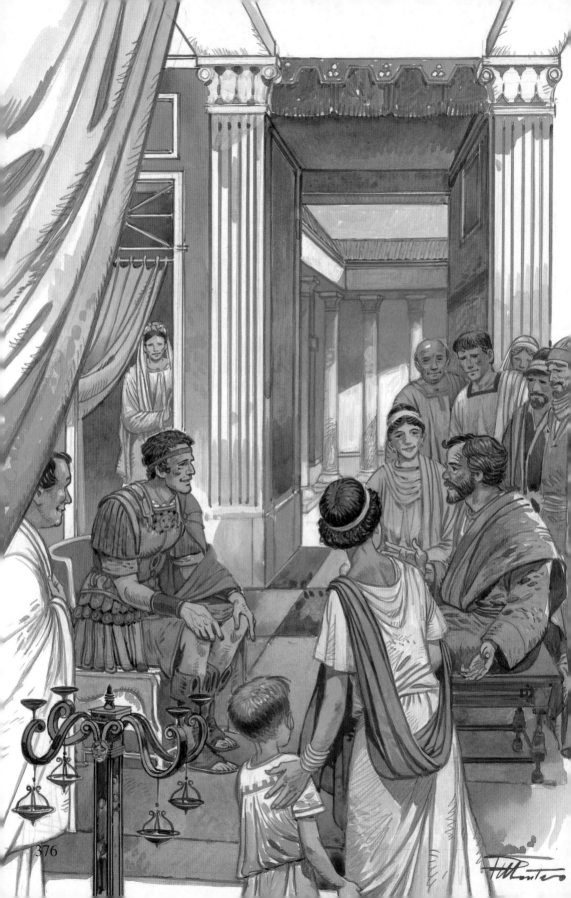

Pedro visita a Cornelio

Hechos 10.19–24,34–36,44–45

Y mientras Pedro todavía estaba pensando en la visión, el Espíritu Santo le dijo: "Mira, tres hombres te buscan. Levántate, baja y ve con ellos sin dudarlo, porque yo los he enviado."

Pedro bajó y dijo a los hombres:

—Yo soy el que ustedes buscan; ¿a qué han venido?

Ellos contestaron:

—Venimos de parte del capitán Cornelio, un hombre justo, que adora a Dios y a quien todos los judíos estiman y quieren. Un ángel de Dios le dijo que lo llamara a usted, para que usted vaya a su casa y él escuche lo que tenga que decirle.

Entonces Pedro los hizo entrar, y se quedaron con él aquella noche. Al día siguiente, Pedro se fue con ellos, y lo acompañaron algunos de los hermanos que vivían en Jope.

Y al otro día llegaron a Cesarea, donde Cornelio los estaba esperando junto con un grupo de sus parientes y amigos íntimos, a quienes había invitado.

Pedro entonces comenzó a hablar, y dijo:

—Ahora entiendo que de veras Dios no hace diferencia entre una persona y otra, sino que en cualquier nación acepta a los que lo reverencian y hacen lo bueno. Dios habló a los descendientes de Israel, anunciando el mensaje de paz por medio de Jesucristo, que es el Señor de todos.

Todavía estaba hablando Pedro, cuando el Espíritu Santo vino sobre todos los que escuchaban su mensaje. Y los creyentes procedentes del judaísmo que habían llegado con Pedro, se quedaron admirados de que el Espíritu Santo fuera dado también a los que no eran judíos.

Una buena noticia para todos

Hechos 11.1–4a,18

Los apóstoles y los hermanos que estaban en Judea recibieron noticias de que también los no judíos habían aceptado el mensaje de Dios. Pero cuando Pedro volvió a Jerusalén, lo criticaron algunos de los creyentes procedentes del judaísmo. Le preguntaron:

—¿Por qué fuiste a visitar a los que no son judíos, y comiste con ellos?

Pedro les contó desde el principio todo lo que había pasado.

Cuando los hermanos de Jerusalén oyeron estas cosas, se callaron y alabaron a Dios, diciendo:

—¡De manera que también a los que no son judíos les ha dado Dios la oportunidad de volverse a él y alcanzar la vida eterna!

Pedro es liberado

Hechos 12.1–3a,4–17a

Por aquel tiempo, el rey Herodes comenzó a perseguir a algunos de la iglesia. Ordenó matar a filo de espada a Santiago, el hermano de Juan; y como vio que esto había agradado a los judíos, hizo arrestar también a Pedro. Después de arrestarlo, Herodes metió a Pedro en la cárcel, donde estaba vigilado por

cuatro grupos de soldados, de cuatro soldados por grupo. Pensaba presentarlo ante el pueblo después de la Pascua. Así que Pedro estaba en la cárcel, bien vigilado, pero los de la iglesia seguían orando a Dios por él con mucho fervor.

La misma noche anterior al día en que Herodes lo iba a presentar ante el pueblo, Pedro estaba durmiendo entre dos soldados, sujeto con dos cadenas, mientras otros soldados estaban en la puerta vigilando la cárcel. De pronto se presentó un ángel del Señor, y la cárcel se llenó de luz. El ángel tocó a Pedro en el costado, lo despertó, y le dijo: "¡Levántate en seguida!" Al instante, las cadenas cayeron de las manos de Pedro, y el ángel le dijo: "Vístete y ponte las sandalias." Así lo hizo Pedro, y el ángel añadió: "Ponte tu capa y sígueme."

Pedro salió tras el ángel, sin saber si era realidad o no lo que el ángel hacía. Más bien le parecía que estaba viendo una visión. Pero pasaron la primera guardia, luego la segunda, y cuando llegaron a la puerta de hierro que daba a la calle, la puerta se abrió por sí sola. Salieron, y después de haber caminado una calle, el ángel lo dejó solo.

Pedro comprendió entonces, y dijo: "Ahora veo que verdaderamente el Señor ha enviado a su ángel para librarme de Herodes y de todo lo que los judíos querían hacerme."

Al darse cuenta de esto, Pedro se fue a casa de María, la madre de Juan, llamado también Marcos, donde muchas personas estaban reunidas en oración. Llamó a la puerta de la calle, y una muchacha llamada Rode salió a ver quién era. Al reconocer la voz de Pedro, fue tanta su alegría que, en vez de abrir, corrió adentro a avisar que Pedro estaba a la puerta. Le dijeron:

—¡Estás loca!

Pero ella aseguraba que era cierto. Ellos decían:

—No es él; es su ángel.

Mientras tanto, Pedro seguía llamando a la puerta. Y cuando abrieron y lo vieron, se asustaron. Pero él, con la mano, les hizo señas de que se callaran, y les contó cómo el Señor lo había sacado de la cárcel.

Pablo y Bernabé en Listra

Hechos 14.8–15,18–20a

En Listra había un hombre que no podía andar. Nunca había andado, porque era cojo de nacimiento. Este hombre estaba sentado, oyendo lo que Pablo decía, y Pablo se fijó en él y vio que tenía suficiente fe para ser sanado. Entonces le dijo con voz fuerte:

—¡Levántate y ponte derecho sobre tus pies!

El hombre se puso en pie de un salto, y comenzó a andar. Al ver lo que Pablo había hecho, la gente empezó a gritar en la lengua de Licaonia:

—¡Dioses en forma de hombre han bajado a nosotros!

Y tomaron a Bernabé por el dios Zeus, y a Pablo por el dios Hermes, porque era el que hablaba. El sacerdote de Zeus, que tenía su templo a la entrada del pueblo, trajo toros y adornos florales; y él y la gente querían ofrecerles un sacrificio. Pero cuando Bernabé y Pablo se dieron cuenta, se rasgaron la ropa y se metieron entre la gente, gritando:

—Pero señores, ¿por qué hacen esto? Nosotros somos hombres, como ustedes. Precisamente hemos venido para anunciarles la buena noticia, para que dejen ya estas cosas que no sirven para nada, y que se vuelvan al Dios viviente, que hizo el cielo, la tierra, el mar y todo lo que hay en ellos.

Pero aunque les dijeron todo esto, les fue difícil impedir que la gente les ofreciera el sacrificio.

En esto llegaron unos judíos de Antioquía y de Iconio, que hicieron cambiar de parecer a la gente; entonces apedrearon a Pablo y, creyendo que lo habían matado, lo arrastraron fuera del pueblo. Pero cuando los creyentes se juntaron alrededor de Pablo, él se levantó y entró otra vez en el pueblo.

En la prisión de Filipos

Hechos 16.16b,19–34

[En Filipos había] una muchacha poseída por un espíritu de adivinación. Era una esclava que, adivinando, daba a ganar mucho dinero a sus amos. [Pablo la sanó en el nombre de Jesucristo.]

Pero cuando los amos de la muchacha vieron que ya no tenían más esperanza de ganar dinero por medio de ella, agarraron a Pablo y a Silas y los llevaron ante las autoridades, a la plaza principal. Los presentaron a los jueces, diciendo:

—Estos judíos están alborotando nuestra ciudad, y enseñan costumbres que nosotros no podemos admitir ni practicar, porque somos romanos.

Entonces la gente se levantó contra ellos, y los jueces ordenaron que les quitaran la ropa y los azotaran con varas. Después de haberlos azotado mucho, los metieron en la cárcel, y ordenaron al carcelero que los vigilara con el mayor cuidado. Al recibir esta orden, el carcelero los metió en el lugar más profundo de la cárcel y los dejó con los pies sujetos en el cepo.

Pero a eso de la medianoche, mientras Pablo y Silas oraban y cantaban himnos a Dios, y los otros presos estaban escuchando, vino de repente un temblor tan fuerte que sacudió los cimientos de la cárcel. En el mismo momento se abrieron todas las puertas, y a todos los presos se les soltaron las cadenas. Cuando el carcelero despertó y vio que las puertas de la cárcel estaban abiertas, sacó su espada para matarse, pues pensaba que los presos se habían escapado. Pero Pablo le gritó:

—¡No te hagas ningún daño, que todos estamos aquí!

Entonces el carcelero pidió una luz, entró corriendo y, temblando de miedo, se echó a los pies de Pablo y de Silas. Luego los sacó y les preguntó:

—Señores, ¿qué debo hacer para salvarme?

Ellos contestaron:

—Cree en el Señor Jesús, y obtendrás la salvación tú y tu familia.

Y les hablaron del mensaje del Señor a él y a todos los que estaban en su casa. A esa misma hora de la noche, el carcelero les lavó las heridas, y luego él y toda su familia fueron bautizados. Los llevó después a su casa y les dio de comer, y él y su familia estaban muy contentos por haber creído en Dios.

Pablo habla con los ancianos de Éfeso

Hechos 20.17–18a,19–24,36–38

Estando en Mileto, Pablo mandó llamar a los ancianos de la iglesia de Éfeso. Cuando llegaron les dijo: "Todo el tiempo he estado entre ustedes sirviendo al Señor con toda humildad, con muchas lágrimas y en medio de muchas pruebas que me vinieron por lo que me querían hacer los judíos. Pero no dejé de anunciarles a ustedes nada de lo que era para su bien, enseñándoles públicamente y en sus casas. A judíos y a no judíos les he dicho que se vuelvan a Dios y crean en nuestro Señor Jesús. Y ahora voy a Jerusalén, obligado por el Espíritu, sin saber lo que allí me espera. Lo único que sé es que, en todas las ciudades a donde voy, el Espíritu Santo me dice que me esperan la cárcel y muchos sufrimientos. Para mí, sin embargo, mi propia vida no cuenta, con tal de que yo pueda correr con gozo hasta el fin de la carrera y cumplir el encargo que el Señor Jesús me dio de anunciar la buena noticia del amor de Dios."

Después de decir esto, Pablo se puso de rodillas y oró con todos ellos. Todos lloraron, y abrazaron y besaron a Pablo. Y estaban muy tristes, porque les había dicho que no volverían a verlo. Luego lo acompañaron hasta el barco.

Arrestan a Pablo en el templo

Hechos 21.27b–36; 22.23–24a

[Cuando Pablo llegó a Jerusalén, fue al templo.] Unos judíos de la

provincia de Asia vieron a Pablo en el templo y alborotaron a la gente. Se lanzaron contra Pablo, gritando: "¡Israelitas, ayúdennos! Este es el hombre que anda por todas partes enseñando a la gente cosas que van contra nuestro pueblo, contra la ley de Moisés y contra este templo. Además, ahora ha metido en el templo a unos griegos, profanando este Lugar Santo."

Decían esto porque antes lo habían visto en la ciudad con Trófimo de Éfeso, y pensaban que Pablo lo había llevado al templo.

Toda la ciudad se alborotó, y la gente llegó corriendo. Agarraron a Pablo y lo arrastraron fuera del templo, cerrando inmediatamente las puertas. Estaban a punto de matarlo, cuando al comandante del batallón romano le llegó la noticia de que toda la ciudad de Jerusalén se había alborotado. El comandante reunió a sus soldados y oficiales, y fue corriendo a donde estaba la gente. Cuando vieron al comandante y a los soldados, dejaron de golpear a Pablo. Entonces el comandante se acercó, arrestó a Pablo y mandó que lo sujetaran con dos cadenas. Después preguntó quién era y qué había hecho. Pero unos gritaban una cosa y otros otra, de modo que el comandante no podía aclarar nada a causa del ruido que hacían; así que mandó llevarlo al cuartel. Al llegar a las gradas del cuartel, los soldados tuvieron que llevar a Pablo a cuestas, debido a la violencia de la gente; porque todos iban detrás, gritando: "¡Muera!"

Y como seguían gritando y sacudiendo sus ropas y tirando polvo al aire, el comandante ordenó que metieran a Pablo en el cuartel.

La defensa de Pablo

Hechos 24.24b–27a; 25.8b–12

[Cuando el comandante envió a Pablo a Cesarea, el gobernador Félix] mandó llamar a Pablo, y escuchó lo que este decía acerca de la fe en Jesucristo. Pero cuando Pablo le habló de una vida de rectitud, del dominio propio y del

juicio futuro, Félix se asustó y le dijo:

—Vete ahora. Te volveré a llamar cuando tenga tiempo.

Por otra parte, Félix esperaba que Pablo le diera dinero; por eso lo llamaba muchas veces para hablar con él. Dos años pasaron así; luego Félix dejó de ser gobernador, y en su lugar entró Porcio Festo. [Cuando Pablo se presentó ante Festo] decía en su defensa:

—Yo no he cometido ningún delito, ni contra la ley de los judíos ni contra el templo ni contra el emperador romano.

Pero como Festo quería quedar bien con los judíos, le preguntó a Pablo:

—¿Quieres ir a Jerusalén, para que yo juzgue allá tu caso?

Pablo contestó:

—Estoy ante el tribunal del emperador romano, que es donde debo ser juzgado. Como bien sabe usted, no he hecho nada malo contra los judíos. Si he cometido algún delito que merezca la pena de muerte, no me niego a morir; pero si no hay nada de cierto en las cosas de que me acusan, nadie tiene el derecho de entregarme a ellos. Pido que el emperador mismo me juzgue.

Festo entonces consultó con sus consejeros, y luego dijo:

—Ya que has pedido que te juzgue el emperador, al emperador irás.

La tempestad en el mar

Hechos 27.1a,7a,8a,9–15,27,29,39–41,43b-44
Cuando decidieron mandarnos a Italia, Pablo y los otros presos fueron entregados a un capitán que se llamaba Julio.

Durante varios días viajamos despacio, y navegando con dificultad a lo largo de la costa, llegamos a un lugar llamado Buenos Puertos.

Se había perdido mucho tiempo, y ya era peligroso viajar por mar porque se acercaba el invierno. Por eso, Pablo les aconsejó:

—Señores, veo que este viaje va a ser muy peligroso, y que vamos a perder tanto el barco como su carga, y que hasta podemos perder la vida.

Pero el capitán de los soldados hizo más caso al dueño del barco y al capitán del mismo que a Pablo. Y como aquel puerto no era bueno para pasar el invierno, casi todos pensaron que sería mejor salir de allí e intentar llegar a Fenice, un puerto de Creta que mira al noroeste y al sudoeste, y pasar allí el invierno.

Pensando que podrían seguir el viaje porque comenzaba a soplar un viento suave del sur, salieron y navegaron junto a la costa de Creta. Pero poco después un viento huracanado del nordeste azotó el barco, y comenzó a arrastrarlo. Como no podíamos mantener el barco de cara al viento, tuvimos que dejarnos llevar por él.

Una noche, cuando al cabo de dos semanas de viaje nos encontrábamos en el mar Adriático llevados de un lado a otro por el viento, a eso de la medianoche los marineros se dieron cuenta de que estábamos llegando a tierra. Por miedo de chocar contra las rocas, echaron cuatro anclas por la parte de atrás del barco, mientras pedían a Dios que amaneciera.

Cuando amaneció, los marineros no reconocieron la tierra, pero vieron una bahía que tenía playa; y decidieron tratar de arrimar el barco hacia allá. Cortaron las amarras de las anclas, abandonándolas en el mar, y aflojaron los remos que servían para guiar el barco. Luego alzaron al viento la vela delantera, y el barco comenzó a acercarse a la playa. Pero fue a dar en un banco de arena, donde el barco encalló. La parte delantera quedó atascada en la arena, sin poder moverse, mientras la parte de atrás comenzó a hacerse pedazos por la fuerza de las olas.

[El capitán del barco] ordenó que quienes supieran nadar se echaran al agua primero para llegar a tierra, y que los demás siguieran sobre tablas o en pedazos del barco. Así llegamos todos salvos a tierra.

En Roma

Hechos 28.11a,16–19a,20b–25a,28–31

Al cabo de tres meses de estar en la
isla, nos embarcamos en un barco
que había pasado allí el invierno; era
una embarcación de Alejandría.
Cuando llegamos a Roma,
permitieron que Pablo viviera
aparte, vigilado solamente por un
soldado.

Tres días después de su llegada, Pablo mandó llamar a los principales judíos de Roma. Cuando estuvieron reunidos, les dijo:

—Hermanos, yo no he hecho nada contra los judíos ni contra las costumbres de nuestros antepasados. Sin embargo, en Jerusalén fui entregado a los romanos, quienes después de interrogarme querían soltarme, porque no encontraron ninguna razón para condenarme a muerte. Pero los judíos se opusieron, y tuve que pedir que el emperador me juzgara.

Porque es precisamente por la esperanza que tenemos nosotros los israelitas, por lo que me encuentro aquí encadenado.

Ellos le dijeron:

—Nosotros no hemos recibido ninguna carta de Judea acerca de ti, ni ninguno de los hermanos judíos que han llegado de allá nos ha dicho nada malo en contra tuya. Quisiéramos oir lo que tú piensas, porque sabemos que en todas partes se habla en contra de esta nueva secta.

Así que le señalaron un día, en el que acudieron muchas personas a donde Pablo estaba alojado. Desde la mañana hasta la tarde, Pablo les habló del reino de Dios. Trataba de convencerlos acerca de Jesús, por medio de la ley de Moisés y los escritos de los profetas. Unos aceptaron lo que Pablo decía, pero otros no creyeron. Y como no se ponían de acuerdo entre sí, comenzaron a irse. Pablo les dijo solamente:

394

—Sepan ustedes, pues, que de ahora en adelante esta salvación de Dios se ofrece a los no judíos, y ellos sí escucharán.

Pablo se quedó dos años completos en la casa que tenía alquilada, donde recibía a todos los que iban a verlo. Con toda libertad anunciaba el reino de Dios, y enseñaba acerca del Señor Jesucristo sin que nadie se lo estorbara.

La visión de Cristo glorificado

Apocalipsis 1.9a,9c–10,12–18a

Yo, Juan, me encontraba en la isla llamada Patmos. Y sucedió que en el día del Señor quedé bajo el poder del Espíritu, y oí detrás de mí una fuerte voz, como un toque de trompeta.

Me volví para ver de quién era la voz que me hablaba; y al hacerlo vi siete candelabros de oro, y en medio de los siete candelabros vi a alguien que parecía ser un hijo de hombre, vestido con una ropa que le llegaba hasta los pies y con un cinturón de oro a la altura del pecho. Sus cabellos eran blancos como la lana, o como la nieve, y sus ojos parecían llamas de fuego. Sus pies brillaban como bronce pulido, fundido en un horno; y su voz era tan fuerte como el ruido de una cascada. En su mano derecha tenía siete estrellas, y de su boca salía una aguda espada de dos filos. Su cara era como el sol cuando brilla en todo su esplendor.

Al verlo, caí a sus pies como muerto. Pero él, poniendo su mano derecha sobre mí, me dijo: "No tengas miedo; yo soy el primero y el último, y el que vive. Estuve muerto, pero ahora vivo para siempre."

Un nuevo cielo y una tierra nueva

Apocalipsis 21.1–4

Después vi un cielo nuevo y una tierra nueva; porque el primer cielo y la primera tierra habían dejado de existir, y también el mar.

Vi la ciudad santa, la nueva Jerusalén, que bajaba del cielo, de la

presencia de Dios. Estaba arreglada como una novia vestida para su prometido. Y oí una fuerte voz que venía del trono, y que decía: "Aquí está el lugar donde Dios vive con los hombres. Vivirá con ellos, y ellos serán sus pueblos, y Dios mismo estará con ellos como su Dios. Secará todas las lágrimas de ellos, y ya no habrá muerte, ni llanto, ni lamento, ni dolor; porque todo lo que antes existía ha dejado de existir."